HMH

expresiones en matemáticas

Dr. Karen C. Fuson

I0794000

Haz la tarea y recuerda

Grado 6

Volumen 2

Este material está basado en trabajo que recibe el apoyo de la
Fundación Nacional para la Ciencia
bajo los siguientes números de subsidio:
ESI-9816320, REC-9806020 y RED-935373.

Todas las opiniones, los hallazgos y las conclusiones o recomendaciones que se expresan en este material son las del autor y no reflejan necesariamente la opinión de la Fundación Nacional para la Ciencia.

HMH

Printed in the U.S.A.

ISBN 978-1-328-52041-8

6 2024

4500890879 A B C D E F G

5-1
Haz la tarea

Nombre ______________________ Fecha ______________

1. Encierra las expresiones en un círculo.

   $3 \cdot x = 9$ $3 \cdot x + 9$ 13 $r = s + t$ $5 \cdot (m + 4)$ $36 \div f + 17$

2. Escribe una expresión que esté compuesta por tres términos.

   ____

3. Escribe una expresión que esté compuesta por dos términos que sean números.

   ____

Simplifica cada expresión siguiendo el orden de las operaciones.

4. $18 - 12 \div 3$ ______

5. $4 \cdot (7 + 5)$ ______

6. $7 \cdot 5 + 5 \cdot 7$ ______

7. $6 \cdot (21 \div 7) + 12$ ______

8. $36 \div 3 \cdot 2$ ______

9. $(5 + 2) \cdot 6 \div 7$ ______

Orden de las operaciones

1. Realiza todas las operaciones dentro de los paréntesis.
2. Multiplica y divide de izquierda a derecha.
3. Suma y resta de izquierda a derecha.

Evalua cada expresión para $a = 4$ y $b = 5$.

10. $60 - 16 \div a$ ______

11. $2 + 6 \cdot b$ ______

12. $a \cdot (b + 5)$ ______

13. $b + (4 - a) \cdot 9$ ______

Nombre ______________________ Fecha ______________

1 María teje una bufanda. Hasta ahora, la bufanda tiene 21 hileras de color blanco y 27 hileras de color rojo. Continúa tejiendo más hileras con el mismo patrón básico. ¿Cuántas hileras de color rojo tendrá la bufanda cuando tenga 42 hileras de color blanco?

____

Resuelve.

2 3.4 · 0.21 ________

3 233.1 ÷ 2.1 ________

4 1,030 − 886 ________

5 22.34 + 9.322 ________

La base de cada figura tridimensional es un polígono regular. Nombra la figura. Luego, calcula el área de superficie.

6 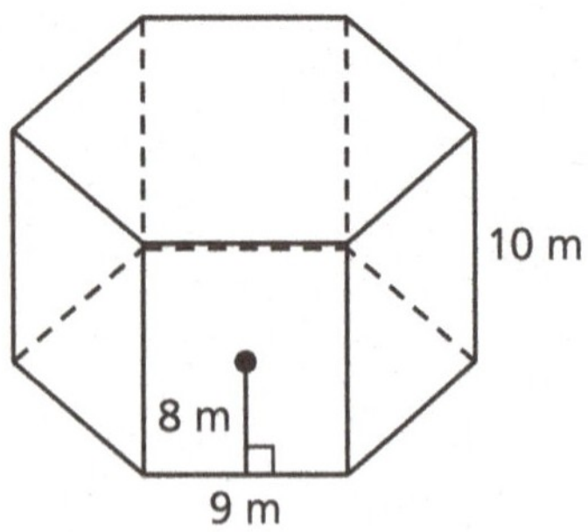

7 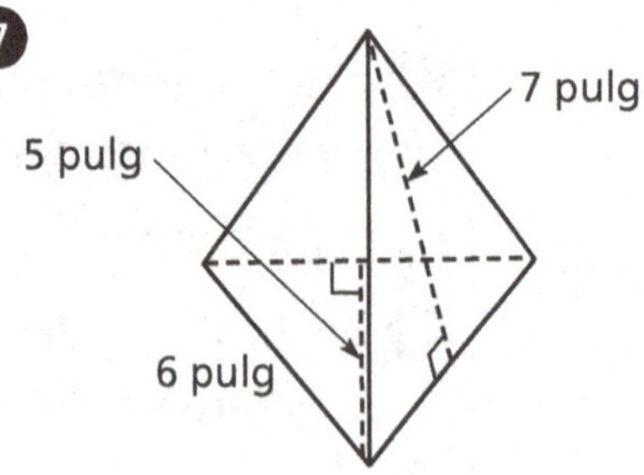

8 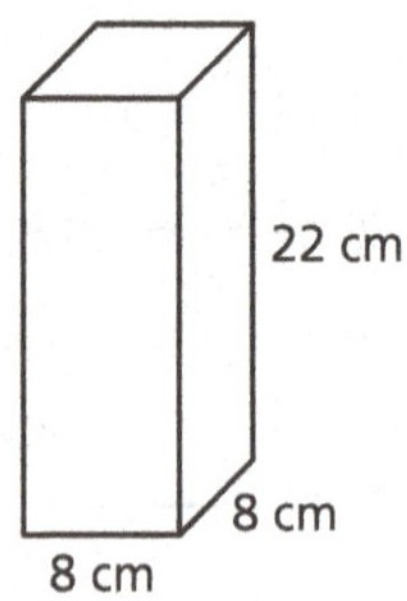

9 **Amplía tu razonamiento** ¿Cómo puedes poner paréntesis a la expresión a continuación para que tenga un valor de 60? Explica.

$$2 \cdot 6 + 6 + 3 \cdot 2$$

____

5-2
Haz la tarea

Nombre ____________________ Fecha ____________

Escribe cada expresión como una multiplicación repetida.

1. $7^3 =$ ____________________
2. $9^3 \cdot 2^2 =$ ____________________
3. $v^4 =$ ____________________
4. $a^4 \cdot b^2 =$ ____________________

Usa un exponente para escribir cada multiplicación repetida.

5. $6 \cdot 6 \cdot 6 \cdot 6 \cdot 6 =$ ______________
6. $n \cdot n \cdot n =$ ______________
7. $4 \cdot t \cdot t =$ ______________
8. $d \cdot d \cdot d \cdot f =$ ______________

Simplifica. Sigue el orden de las operaciones.

9. $30 - 4^2 =$ ______
10. $(6 + 2) \div 2^2 =$ ______
11. $3^3 \div 9 + 3 =$ ______

Evalúa la expresión para $a = 2$ y $b = 5$.

12. $6 \cdot a^3$ ______
13. $b^2 \cdot (a + 3)$ ______
14. $(b + a)^2$ ______

15. Haz coincidir los términos de las expresiones con las partes de la figura.

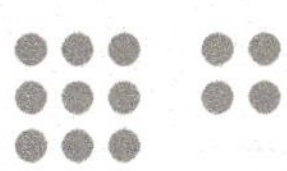

$3^2 + 2^2$ Puntos

16. Haz coincidir los términos de las expresiones con las partes de la figura.

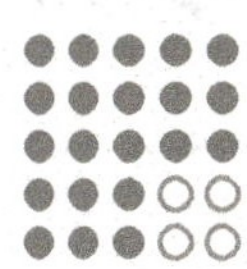

$5^2 - 2^2$ Puntos

17. Riley dijo que $4^5 = 20$. ¿Qué error cometió Riley? ¿Qué significa el 4^5?

____

____

Nombre ____________________ Fecha ____________

1. En una práctica de fútbol, por cada 5 minutos que Bob corre, pasa 20 minutos practicando gambetas. Si Bob mantiene la misma proporción y pasa 36 minutos practicando gambetas, ¿cuántos minutos pasará corriendo?

____

2. Barb hace un cartel con la forma de un trapecio. La altura del cartel es de 24 pulgadas. La parte superior del cartel tiene 14 pulgadas. Si el área del cartel es de 372 pulgadas cuadradas, ¿cuál es la longitud de la parte inferior?

____

3. Stephen forra una caja con fieltro. La caja tiene forma de prisma rectangular. La altura es de 12 pulgadas. La longitud y el ancho de la base miden 5 pulgadas y 6 pulgadas, respectivamente. ¿Cuánto necesita Stephen para cubrir la caja?

____

Simplifica cada expresión siguiendo el orden de las operaciones.

4. $22 - 5 \cdot 3$ _______________

5. $6 \cdot (5 + 12)$ _______________

6. $16 + 45 \div 9$ _______________

7. $5 \cdot 6 + 3 \cdot 4$ _______________

Evalúa cada expresión para $n = 5$ y $m = 3$.

8. $m + 4 \cdot 7$ _______________

9. $30 - n \cdot 4 + m$ _______________

10. $7 + n \cdot m \div 5$ _______________

11. $n + (7 - m) \cdot 8$ _______________

12. **Amplía tu razonamiento** Justine evaluó esta expresión con un valor determinado para s y obtuvo 13. ¿Cuál era el valor de s? Explica.

$$15 + s \div 3 - 6$$

____

____

____

5-3
Haz la tarea

Nombre ______________________ Fecha ______________

Completa la tabla.

	Expresión algebraica	Más, Menos, Por, Dividido entre	Sumar, Restar, Multiplicar, Dividir	Suma, Diferencia, Producto, Cociente
1	______	___ menos ___	resta *d* de 11	______ es una ______.
2	$7 \cdot d$	7 ______ *d*	Multiplica ___ y ___.	______ Es el ______ de ___ y ___.
3	$7 \div d$	___ dividido entre ___	Dividido ___ entre ___.	______ Es un ______.

Analiza la expresión. Luego, haz coincidir la expresión con el diagrama que la describe.

4 $5 \cdot n^2 - 3$ ____

5 $3 \cdot n - 6 \div 5^2$ ____

6 $(3 + n) \cdot 5 + n^2$ ____

A.

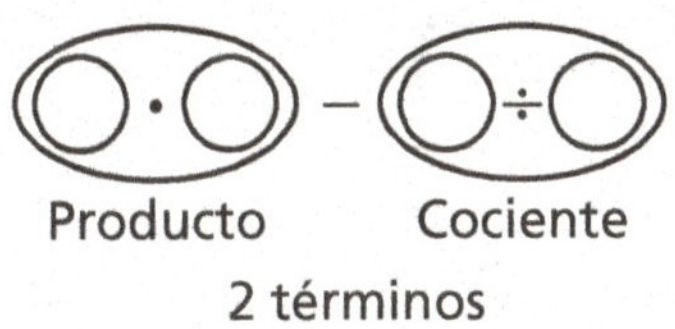

B.

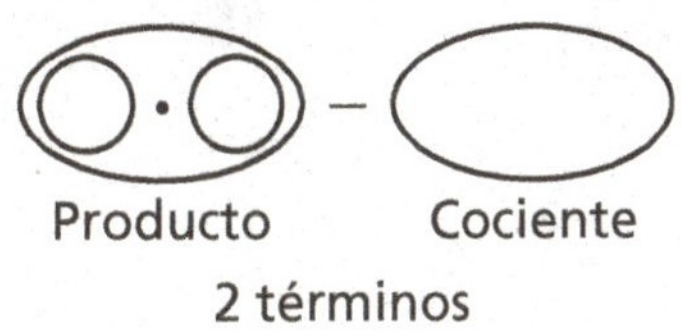

C.

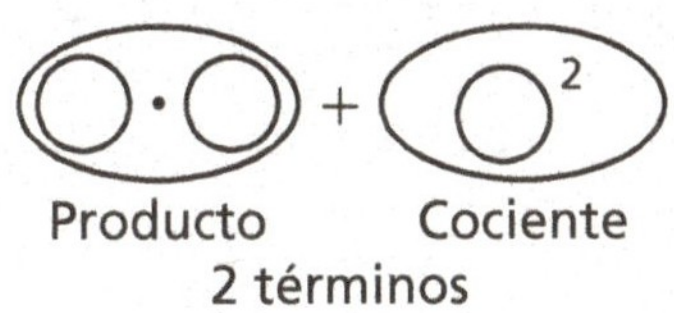

Analiza cada expresión. Luego, haz el diagrama para describirla.

7 $6 \cdot 7 + c$

8 $6 \cdot (7 + c)$

9 $c \div 7 - 6 \cdot c$

10 Evalúa $\frac{1}{2} \cdot a + 1$ para $a = 9$.

____

5-3 Recuerda

Nombre ______________________ Fecha ______________

Escribe las fracciones equivalentes. Completa.

1	$5\frac{2}{3}$ $3\frac{7}{10}$ $\rightarrow$	
2	$>, <$	
3	$+$	
4	$-$	
5	$\cdot$	
6	$\div$	

Resuelve.

7. En la tienda *Buy It Here*, Katie puede comprar 4 latas de sopa por 10 dólares. En la tienda *SuperMarket*, puede comprar 18 latas de sopa por 30 dólares. Katie desea comprar sopa al precio más bajo posible. ¿En qué tienda debe comprar la sopa? Explica.

____

____

____

____

Escribe cada expresión como una multiplicación repetida o con un exponente.

8. $5 \cdot r \cdot r \cdot r$ ______________

9. 5^4v ______________

10. $u \cdot u \cdot u \cdot u \cdot u \cdot 4 \cdot 4$ ______________

11. $b \cdot b \cdot y \cdot y \cdot y$ ______________

Evalúa cada expresión para $p = 4$ y $q = 7$.

12. $2 \cdot p^2$ ______________

13. $(p + q)^2$ ______________

14. $2^3 \cdot p^2 \div 2$ ______________

15. $q^2 - (p \cdot 5)$ ______________

16. **Amplía tu razonamiento** Maryanna dibujó esta figura. Escribe una expresión que represente el número de puntos. Explica.

____

____

____

5-4
Haz la tarea

Nombre ______________________ Fecha ______________

❶ Analiza la expresión. Luego, haz coincidir partes de la expresión con partes del diagrama de puntos.

$4 + 3 \cdot 5$

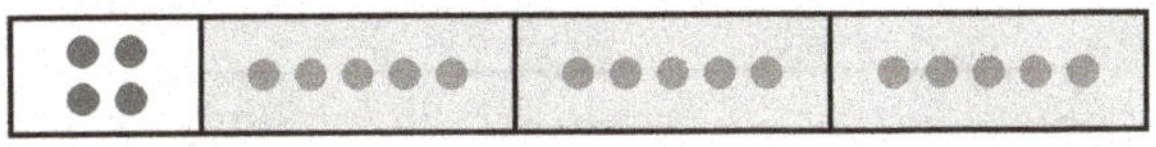

❷ Analiza la expresión. Luego, evalúa la expresión para $d = 7$.

$4 + 3 \cdot d$ ________

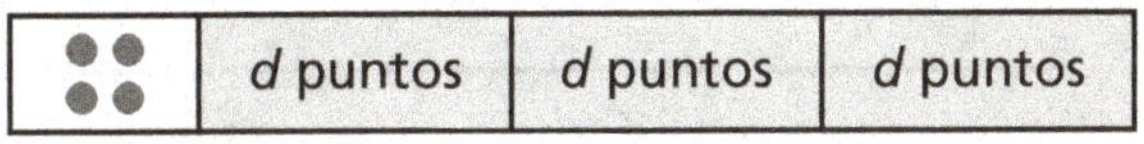

❸ Analiza y simplifica cada expresión. Coloca una marca de verificación junto a las expresiones con el mismo valor.

$2 + 4 \cdot 3$ ________ $2 + (4 \cdot 3)$ ________ $(2 + 4) \cdot 3$ ________

Escribe cada expresión como una expresión algebraica.

❹ el producto de $\frac{1}{3}$ y *a* ______________________

❺ Divide *a* entre 3. ______________________

❻ Resta $\frac{1}{3}$ de *b*. ______________________

Escribe una expresión para el número de puntos. Luego, analiza la expresión y evalúala o simplifícala.

❼

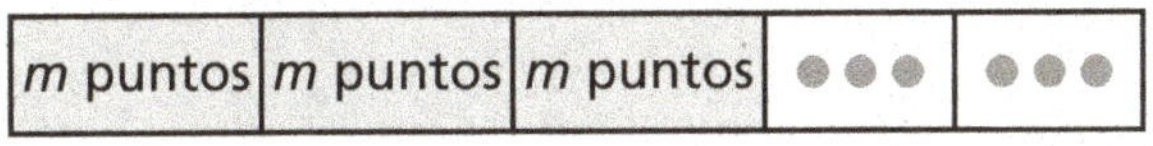

Escribe una expresión y analízala.

____

Evalúa la expresión para $m = 5$.

____

❽

Escribe una expresión y analízala.

____

Simplifica la expresión.

____

Analiza la expresión. Luego, dibuja un diagrama para la expresión.

❾ $4 \cdot 6 - 3$

❿ $3 \cdot (2 + 5) + 4$

Nombre ______ Fecha ______

1. Para ir de excursión se necesitan 4 acompañantes por cada 18 estudiantes. ¿Cuántos acompañantes se necesitan si son 81 los estudiantes que van de excursión?

______

2. La base de un prisma es un hexágono regular con un perímetro de 78 mm. La altura del prisma es 16 mm. ¿Cuál es el área de una de las caras rectangulares del prisma?

______

Resuelve.

3. $\frac{6}{7} + \frac{1}{2}$ ______

4. $5.6 \cdot 0.21$ ______

5. $3.012 \div 6$ ______

6. $\frac{1}{3} \cdot \frac{2}{3}$ ______

7. $1,330 + 2,391$ ______

8. $\frac{3}{5} - \frac{1}{4}$ ______

9. $67 \div 12$ ______

10. $2\frac{1}{5} - 1\frac{3}{8}$ ______

Evalúa cada expresión para $h = 2$ y $r = 3$.

11. $4 \cdot h^2 + r$ ______

12. $r + 16 \div 2 + h$ ______

13. $h \cdot (6 + r)^2$ ______

14. $h \cdot (r - 1) \cdot 12$ ______

Escribe una expresión para cada frase.

15. resta 6 de *y* ______

16. el producto de 8 y *g* ______

17. divide 45 entre *x* ______

18. la suma de 15 y *d* ______

19. **Amplía tu razonamiento** Jackie evaluó estas expresiones para obtener un valor de *c* y obtuvo el mismo número. ¿Cuál podría ser el valor de *c*? Explica.

$$40 - c^2 \cdot 7 + 2 \cdot c$$

y

$$40 - 2 \cdot c \cdot 7 + c^2$$

______

______

______

Nombre ______________________ Fecha ____________

Considera el plano de planta que se muestra a la derecha. (Todos los ángulos son ángulos rectos).

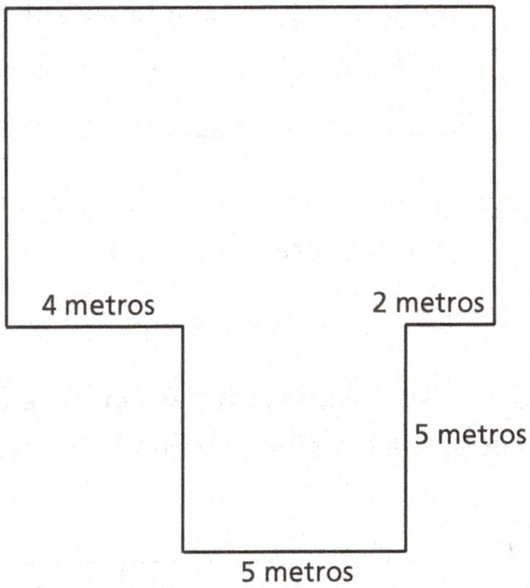

1. A continuación se proporciona una expresión para el área. Analiza la expresión y explica cómo se relaciona con el dibujo.

   $12 \cdot 11 - 4 \cdot 5 - 2 \cdot 5 \text{ m}^2$

   ____

   ____

   ____

   ____

2. Escribe una expresión diferente para el área.

   ____

3. Explica cómo se relaciona tu expresión del Ejercicio 2 con el dibujo.

   ____

   ____

A la derecha verás la plantilla para un cubo cuyas aristas tienen una longitud de *e* cm. Una expresión para el área de superficie del cubo es $6 \cdot e^2$.

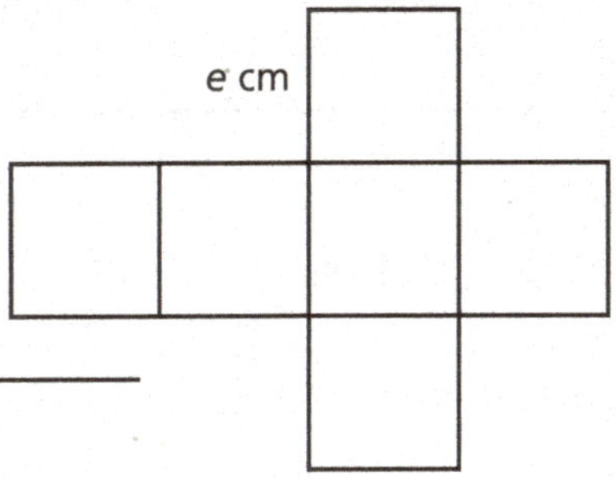

4. ¿De dónde proviene el 6 en la expresión del área?

   ____

5. ¿De dónde proviene el e^2?

   ____

6. Escribe otra expresión para el área de superficie del cubo.

   ____

7. ¿Cuánto papel se necesitaría para cubrir un cubo con aristas de 25 centímetros de longitud?

   ____

Nombre ______________________ Fecha ______________

1. Matt ahorra la misma cantidad de dinero cada semana. Al final de 3 semanas tiene 12 dólares. ¿Cuántas semanas necesitará para ahorrar 36 dólares?

____

2. José hizo una vela con la forma que se muestra. ¿Cuál es el área de superficie de la vela?

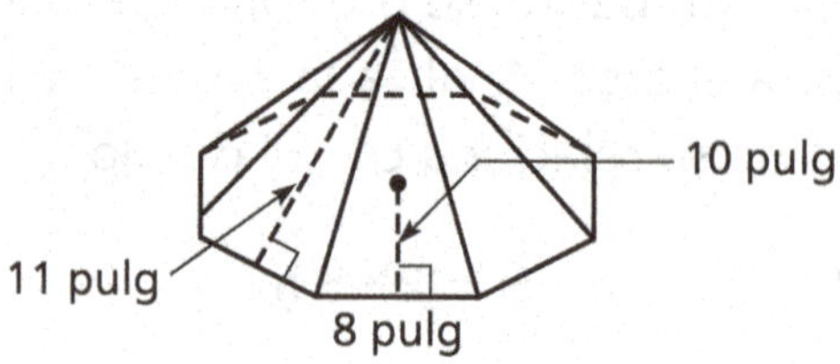

____

Escribe una expresión para la frase o el número de puntos. Luego, si es posible, evalúa la expresión para $k = 12$.

3.

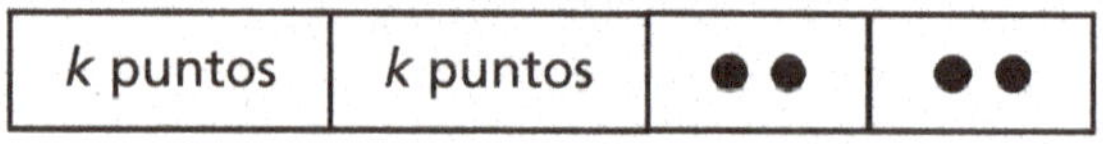

____

4.

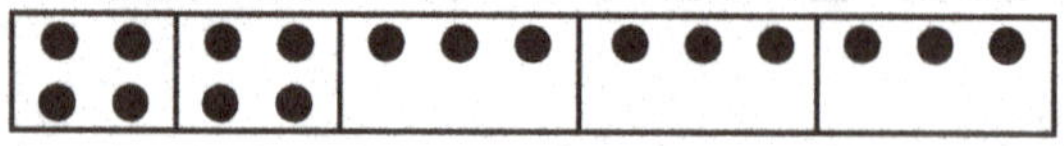

____

5.

____

6.

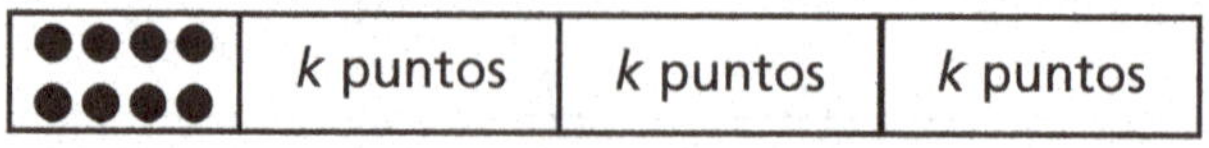

____

7. Divide *k* entre 4.

____

8. Resta $3\frac{4}{5}$ de *k*.

____

9. **Amplía tu razonamiento** Haz un diagrama para la expresión $4 \cdot (n + 4)$. Explica de qué manera tu diagrama demuestra la expresión.

____

____

____

5-6
Haz la tarea

Nombre ______________________ Fecha ______________

Escribe dos expresiones que sean equivalentes a cada expresión.

1. $3f$ ____________________

2. $4 \cdot g$ ____________________

3. $h + h$ ____________________

4. Describe una situación y elabora un diagrama para la expresión $2a + a$.

Situación

____

____

____

____

Diagrama

5. Encierra en un círculo las expresiones que sean equivalentes a $2a + a$.

$2 \cdot a + 1 \cdot a$ $a + a + a$ $a + 2a$ $3a$ $2 + 2a$

6. Encierra en un círculo las expresiones que sean equivalentes a $4b - 4$.

$4 \cdot b - 4$ $(4 \cdot b) - 4$ b $b + b + b + b - 4$ $(4 + b) - 4$

7. Elabora un diagrama y escribe una expresión equivalente para $1 + 2 + h$.

Diagrama

Expresión

Nombre ______________________ **Fecha** ____________

1 June y su hermano Jason leen la misma cantidad de tiempo, a sus propios ritmos constantes. Cuando June ha leído 35 páginas, Jason leyó 42 páginas. ¿Cuántas páginas habrá leído June cuando Jason haya leído 48 páginas?

____

Evalúa cada expresión para $a = 3$ y $b = 4$.

2 $5 \cdot b^2 + (2 \cdot a + 2)$ ____________

3 $(b + a)^2 - 12 + a$ ____________

4 $64 \div b \cdot a$ ____________

5 $a^2 - b + 5 \cdot a$ ____________

6 Escribe dos expresiones para calcular el área de la figura a la derecha. Luego, usa las expresiones para conocer el área.

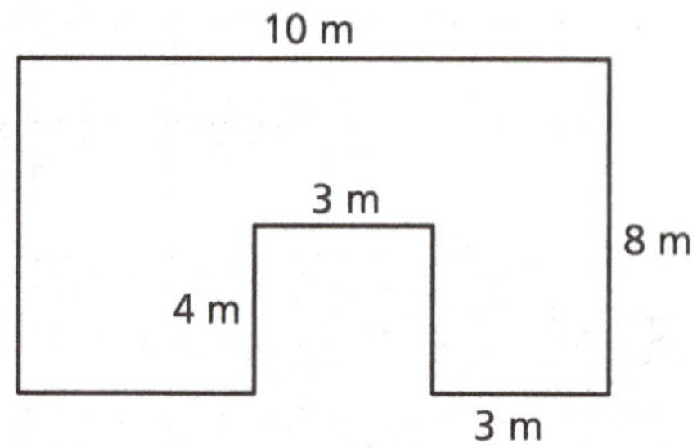

____

7 Escribe dos expresiones para calcular el área de superficie de la figura a la derecha. Luego, usa las expresiones para calcular el área de superficie.

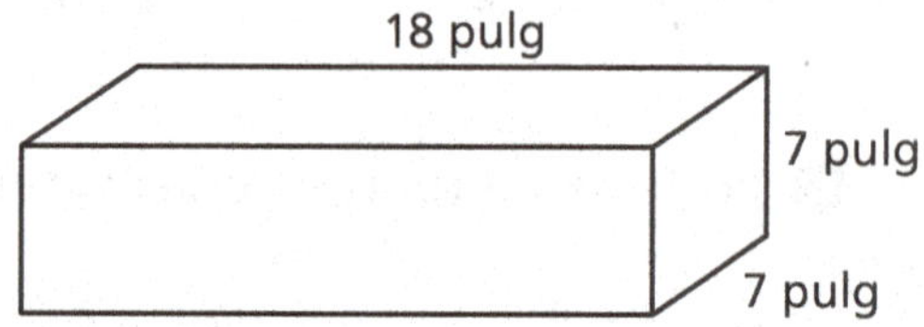

____

8 **Amplía tu razonamiento** Escribe una expresión para demostrar el área de superficie de un prisma rectangular con una longitud, *l*, un ancho, *w,* y una altura, *h*. Ahora duplica las dimensiones del prisma. Escribe una nueva expresión para mostrar el área de superficie del prisma más grande. Explica de qué manera tus expresiones demuestran estas medidas.

____

____

____

____

____

Nombre ______________________ Fecha ______________

1. Usa el diagrama para que te ayude a combinar términos semejantes y buscar una expresión equivalente que sea más simple.

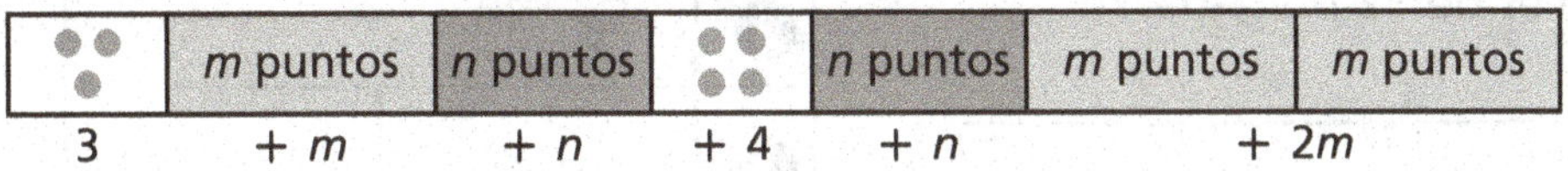

$3 + m + n + 4 + n + 2m =$ ______________

Simplifica cada expresión combinando términos semejantes.

2. $4x + 5 + x + 3 =$ ______________

3. $2a + 2b + 3a + 5 - b - 3 =$ ______________

4. $10 + 4y + 5 + 6y =$ ______________

5. $6 + 8x + 5y + 2 + x =$ ______________

6. $4 + w^2 + 5 + w^2 =$ ______________

7. $3c^2 + 1 + c^2 =$ ______________

Reescribe el término para que el coeficiente quede adelante.

8. $(3x)8 =$ ______________

coeficiente: ______________

9. $(4y)2y =$ ______________

coeficiente: ______________

10. $(4p)(3q) =$ ______________

coeficiente: ______________

11. Hay 10 cajas. Cada caja tiene 4 paquetes de seis unidades de jugo. Cada paquete de seis unidades contiene 6 botellas.

Explica por qué la expresión $(10 \cdot 4) \cdot 6$ representa el número total de botellas de jugo.

____

____

Simplificar $(10 \cdot 4) \cdot 6$. ______________

Explica por qué la expresión $10 \cdot (4 \cdot 6)$ representa el número total de botellas de jugo.

____

____

Simplificar $10 \cdot (4 \cdot 6)$ ______________

Nombre ______________________ **Fecha** ____________

Resuelve.

❶ La razón entre el ancho y el largo de la pantalla del televisor de Baily es 3:4. ¿Cuál es el ancho de la pantalla si el largo es de 32 pulgadas?

____

❷ Erin pinta un bloque con la forma de una pirámide cuadrada. La longitud de un lado de la base de la pirámide es 8 pulgadas. La altura de uno de los lados triangulares de la pirámide es 12.3 pulgadas. ¿Cuánta área debe cubrir Erin con pintura?

____

Escribe fracciones equivalentes. Completa.

❸	$5\frac{3}{8}$ $4\frac{3}{4}$ →	
❹	>, <	
❺	+	
❻	−	
❼	·	
❽	÷	

Escribe dos expresiones que sean equivalentes a cada expresión.

❾ $5t$ ____________

❿ $k + k + k$ ____________

⓫ $y + y + y + y - 4$ ____________

⓬ $10 + 3 \cdot d$ ____________

⓭ Encierra en un círculo las expresiones que son equivalentes a $3r - 3$.

$2r$ $r + r + r - 3$ r $(3 \cdot r) - 3$ $2r + r - 3$

⓮ **Amplía tu razonamiento** Decide si las expresiones $4 + (5 \cdot t)$ y $2 + 2 + t + t + 3t$ son equivalentes. Luego, busca el valor de cada expresión si $t = 3$. Explica tus resultados.

____

____

____

____

____

____

____

Nombre ______________________ Fecha ____________

Usa la propiedad distributiva para escribir una expresión equivalente.

1. $x(x + 3) =$ ____________
2. $4y + 7y =$ ____________
3. $(y - 2)x =$ ____________
4. $12(x + 5) =$ ____________
5. $3x - 6 =$ ____________
6. $(4x - 1)x =$ ____________
7. $y \cdot 3 + z \cdot 3 =$ ____________
8. $xy + xz =$ ____________

Escribe cada suma como un producto usando la propiedad distributiva para extraer el máximo común divisor. Muestra todos los pasos.

Ejemplo: $56 + 63 = 7 \cdot 8 + 7 \cdot 9 = 7(8 + 9) = 7 \cdot 17$

9. $48 + 42 =$ ______ $\cdot$ ______ $+$ ______ $\cdot$ ______ $=$ ______ $=$ ______
10. $35 + 15 =$ ______ $\cdot$ ______ $+$ ______ $\cdot$ ______ $=$ ______ $=$ ______

Indica si las expresiones son equivalentes.

11. $4(xy)$ y $(4x)(4y)$ ______
12. $9 + 2(x + y)$ y $9 + 2x + 2y$ ______
13. $2 + 2m + 3$ y $2m + 5$ ______
14. $2 + 2m + 3$ y $2(1 + m) + 3$ ______
15. $2 + 2m + 3$ y $4m + 3$ ______
16. $(4 + x) + (4 + y)$ y $4(x + y)$ ______

Reescribe el término para que el coeficiente quede adelante.

17. $(2x)5x =$ ______

    coeficiente: ______
18. $(3y)2 =$ ______

    coeficiente: ______
19. $(6j)(5k) =$ ______

    coeficiente: ______

Nombre ______________________________ Fecha ____________

❶ Kendra compra cuadernos para la escuela. La tabla muestra 4 cuadernos diferentes y sus precios. Si Kendra quiere comprar 16 cuadernos al precio más bajo, ¿qué cuaderno debe comprar?

____

Costo de los cuadernos	
Cuaderno A	4 Por $6
Cuaderno B	16 Por $24
Cuaderno C	8 Por $10
Cuaderno D	1 Por $5

❷ Mario cubre con alfombra la habitación que se muestra a la derecha. Escribe una expresión que se pueda usar para saber qué cantidad de alfombra necesita. Luego, usa la expresión para calcular la cantidad de alfombra que necesita.

____

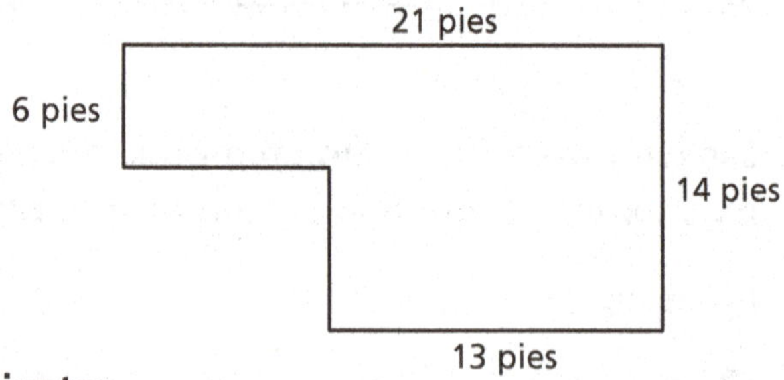

Simplifica cada expresión combinando términos semejantes.

❸ $6x + 10 - x + 9$

____

❹ $10 + 5f + 6 + 2f - 9$

____

❺ $m^2 + 12 + 3m^2 + 5n + 3 - n$

____

❻ $3w + 4u + 9 + 2w + 5u + 1$

____

Reescribe el término para que el coeficiente quede adelante.

❼ $(9r)2$ ______________

❽ $8e(7e)t$ ______________

❾ $(3p)(8s)$ ______________

❿ **Amplía tu razonamiento** El diagrama muestra $4 \cdot (m \cdot 3)$. Cambia el diagrama para que muestre $(4 \cdot m) \cdot 3$. Cómo muestran los diagramas que $4 \cdot (m \cdot 3) = (4 \cdot m) \cdot 3 = 12m$?

m puntos	*m* puntos	*m* puntos	*m* puntos
m puntos	*m* puntos	*m* puntos	*m* puntos
m puntos	*m* puntos	*m* puntos	*m* puntos

____

____

____

____

Haz la tarea

Nombre ____________________ Fecha __________

1. La señora Williams llevó a la escuela 7 cajas de marcadores, m. Al final de la jornada escolar, le faltaban 3 marcadores.

   Escribe una expresión para el número de marcadores que quedaron.

   ____

   Evalúa tu expresión para $m = 12$.

   ____________________ marcadores

Aplica la propiedad distributiva para escribir una expresión equivalente.

2. $6s - 42 =$ ________________

3. $9(t + 8) =$ ________________

4. $5p + 2p =$ ________________

5. $m(3 - m) =$ ________________

Indica si las expresiones son equivalentes.

6. $(4a)(4b)$ y $16ab$ ______

7. $2m + 2 + 3m$ y $5m + 2$ ______

8. $4 + 7(x + y)$ y $4 + 7x + y$ ______

9. $4x^2$ y $(2x)(2x)$ ______

Simplifica cada expresión. Asegúrate de seguir estos pasos:

- **Haz todos los cálculos que puedas.**
- **Escribe cada término con el coeficiente adelante.**
- **Combina términos iguales.**

10. $2^2 + x + 3^2 + x =$ __________

11. $5a + 5b + 2a + 3b =$ __________

12. $4 \cdot 5 + 3(2x) + 5x + 3 =$ __________

13. $(5m)5 + 2m + 5(6m) =$ __________

5-9 Recuerda

Nombre _______________ Fecha _______

1. Michelle y Matthew hornean un pastel de zanahoria en su pastelería. Por cada 9 tazas de zanahoria rallada, usan 6 tazas de azúcar. ¿Cuántas tazas de zanahoria rallada necesitarán si usan 14 tazas de azúcar?

____

Resuelve.

2. $15 \cdot 3.4$ ________
3. $2,444 + 703$ ________
4. $105.84 \div 2.4$ ________
5. $2.031 + 0.978$ ________
6. $1.12 \cdot 0.3$ ________
7. $3,024 \div 56$ ________
8. $9.1 - 1.02$ ________
9. $48.45 \div 9.5$ ________

Indica si las expresiones son equivalentes.

10. $2x + 3x + 7$ y $6x^2 + 7$ ______
11. $4 + 4u + 8$ y $4(1 + u + 2)$ ______
12. $4m - 4 + 3$ y $4(m - 1) + 3$ ______
13. $(5 + b) + (5 + g)$ y $5(b + g)$ ______

Usa la propiedad distributiva para escribir una expresión equivalente.

14. $y(u + 7)$ ________________
15. $24 + 12s + 12r$ ________________
16. $5t + 6t + tm$ ________________
17. $7(u + 4 + h)$ ________________
18. **Amplía tu razonamiento** Explica cómo puedes usar la propiedad distributiva para buscar $25 \cdot 43$.

____

____

____

____

5-10
Haz la tarea

Nombre _______________ Fecha _______________

María y Juan son hermanos. María tiene 2 años más que Juan.

1. Define las variables para las edades de María y Juan.

   Imagina que la *m* es la _______________

   Imagina que la *j* es la _______________

2. Completa la tabla, haz el diagrama y escribe las ecuaciones para relacionar la *m* y la *j*.

Tabla

j	*m*

Diagrama

Ecuaciones

$m =$ _______________

$j =$ _______________

Escribe la expresión que coincide con la descripción.

3. Resta x de 4. _______________
4. Multiplica 3 veces p y luego suma 10 al resultado. _______________
5. Divide 12 en la suma de x y 9. _______________
6. Resta 7 de s y luego multiplica el resultado por 6. _______________

Aplica la propiedad distributiva a toda o a una parte de la expresión para escribir una expresión equivalente.

7. $d(d - 1) =$ _______________
8. $15x + 10 =$ _______________
9. $(6m - 7)6 =$ _______________
10. $4(a + 3) + c =$ _______________
11. $3 + 7y + 5y =$ _______________
12. $2x + 3x^2 =$ _______________

Nombre ______________________ **Fecha** ______________

❶ Benny escribe un informe. Por cada 7 párrafos, usa 4 dibujos artísticos. ¿Cuántos dibujos usará Benny si el informe tiene 56 párrafos?

____

❷ En la cuadrícula de la derecha dibuja estos pares ordenados: $A(1, 2)$, $B(9, 2)$, $C(14, 14)$. Dibuja el punto D y traza las líneas para formar el paralelogramo $ABCD$. El segmento AD mide 13 unidades de largo. Calcula el perímetro y el área del paralelogramo $ABCD$.

$P =$ _______________

$A =$ _______________

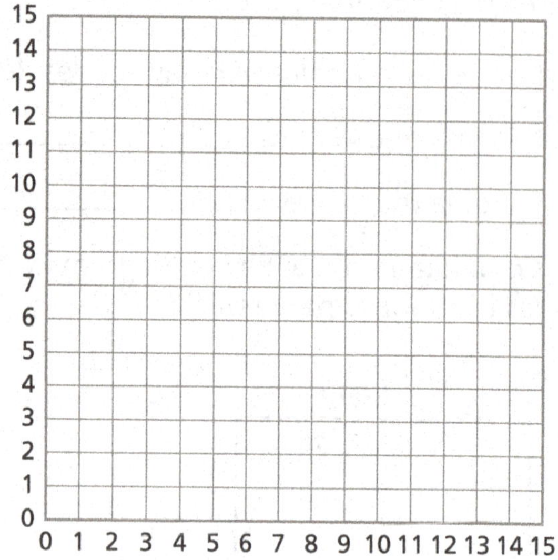

Evalúa la expresión para $n = 4$ y $t = 2$.

❸ $6n + 16 + t \cdot (2 + n)$ _______________

❹ $n \cdot (5 + 12) - n^2 + t$ _______________

❺ $6 + n^2 \cdot 7 - 12 \div t$ _______________

❻ $t + 48 \div 4 - n \cdot t$ _______________

Simplifica cada expresión.

❼ $v + 3^2 + 3v - 4$

____

❽ $5b + 7a + 15 - a + 2b - 10$

____

❾ $4m(8) + 4m + 16 \cdot 2 - 3m$

____

❿ $7(2j + 5) - 12 + 6j$

____

⓫ **Amplía tu razonamiento** Malia usó la propiedad distributiva para simplificar una expresión. La expresión simplificada resultó ser $4 + 3a + 17m$. ¿Cuál pudo haber sido la expresión original? Explica.

____

____

____

5-11 Haz la tarea

Nombre ______________________ Fecha ______________________

Un estudiante camina a un ritmo constante de 9 pies cada 2 segundos.

1. Rotula una recta numérica doble para el estudiante.

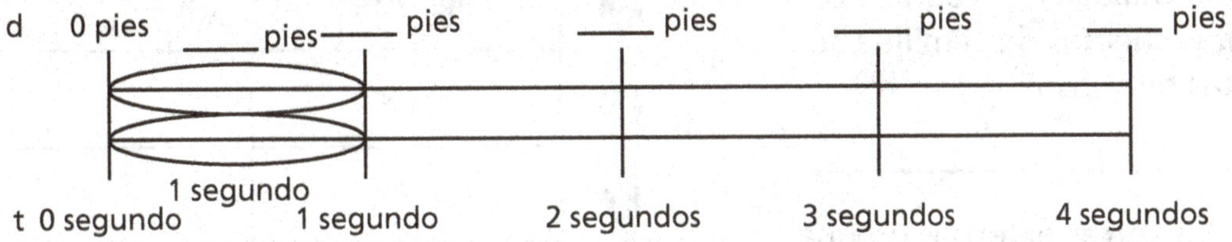

2. Completa la tabla que refleja lo que camina el estudiante.

Segundos transcurridos	Pies caminados
0	
1	
2	
3	
4	
5	
t	*d*

3. Haz una gráfica con los datos de la tabla. Dibuja dos triángulos de tasa unitaria en la gráfica.

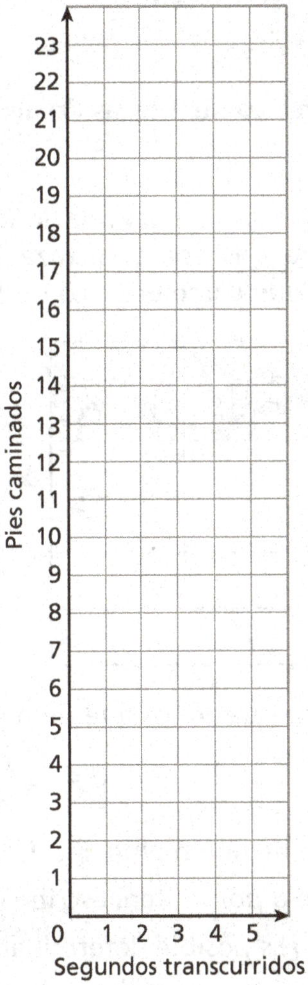

4. Escribe una ecuación que relacione los segundos transcurridos, *t,* y los pies caminados, *d*.

____

Indica la distancia que camina el estudiante en el período determinado.

5. $1\frac{1}{2}$ segundos ______________________

6. $3\frac{2}{3}$ segundos ______________________

7. Otro estudiante camina a un ritmo de 6 pies por segundo. Escribe una ecuación en la que relaciones los segundos transcurridos, *t,* y los pies caminados, *d*.

____

5-11
Recuerda

Nombre ______________________ Fecha ____________

Resuelve.

1. Sarah está armando collares. Por cada 63 cuentas de semilla, usa 7 cuentas de vidrio. ¿Cuántas cuentas de semilla usará si usa 9 cuentas de vidrio?

____

2. George pinta las cercas externas de una caja que tiene forma de prisma rectangular. Las dimensiones de la caja son 4 pulgadas por 5 pulgadas por 6 pulgadas. ¿Cuántas pulgadas cuadradas pinta George?

____

Escribe las fracciones equivalentes. Completa.

3	$4\frac{2}{5}$ $3\frac{2}{3}$ $\rightarrow$	
4	$>, <$	
5	$+$	
6	$-$	
7	$\cdot$	
8	$\div$	

El perro de Josi come 2 tazas de alimento por día.

9. Completa la tabla para relacionar *d*, el número de días, con *c*, las tazas de alimento que come el perro de Josi.

Días, *d*	Tazas de alimento, *c*
1	
12	

10. Haz un diagrama para relacionar *d* y *c*.

11. Escribe las ecuaciones que demuestran la relación entre *d* y *c*.

$c =$ ____________ $d =$ ____________

12. **Amplía tu razonamiento** Keni y Bea escriben expresiones para *6 más que 8 por 2*. Keni escribe $(8 + 6) \cdot 2$. Bea escribe $8 \cdot 2 + 6$. ¿Es posible determinar qué expresión es correcta?

____

____

Nombre ______________________ Fecha ______________

La compañía SuperHero Supplies, Inc. produce una sopa poderosa y reconfortante. En la ecuación que sigue, t es el paso del tiempo en segundos y v es el número de litros de sopa en el tanque de la fábrica.

$$v = 4t + 2$$

1 Completa la tabla.

$$v = 4t + 2$$

Paso del tiempo en segundos, t	Litros en el tanque, v
0	
1	
2	
3	
4	
5	
6	

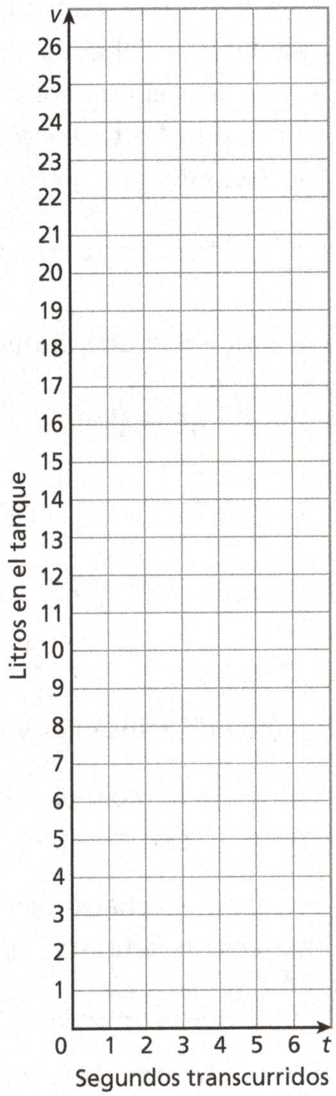

2 Dibuja los puntos de la tabla. Si tiene sentido hacerlo, conecta los puntos.

3 ¿Fluye la sopa a un ritmo constante? Explica cómo encontraste la respuesta.

____

____

4 ¿Qué te dice el 4 en $v = 4t + 2$ acerca de esta situación?

____

____

5 ¿Qué te dice el 2 en $v = 4t + 2$ acerca de esta situación?

____

____

Nombre ______________________ Fecha ______________

1. Por cada \$10 que gana, Josephine gasta \$8. ¿Cuánto gastará si gana \$35?

____

2. Sari cubre la boca, el fondo y los lados de su joyero con tela. La tapa y el fondo son octágonos regulares. Escribe una expresión que puedas usar para hallar el número de pulgadas cuadradas de tela que Sari necesita. Luego usa la expresión para hallar la respuesta.

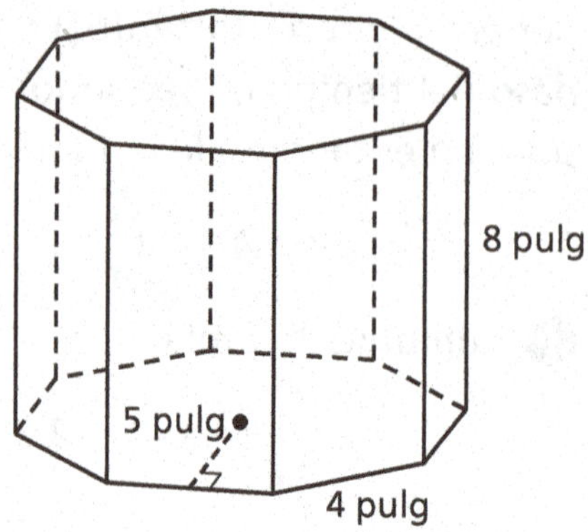

____

Usa la propiedad distributiva para escribir una expresión equivalente.

3. $4(9m + 6b + 4) + r$

____

4. $8tr + 10t + 14t^2 + 13$

____

5. $3m + 2t - 10r - 7$

____

6. $4y + 2x(5y + 12) + y^2$

____

Una tienda de artesanías vende dos camisetas a 11 dólares.

7. Completa la tabla para que refleje el costo de las camisetas.

número de camisetas, n	costo total (\$), t
1	
2	
3	
4	

8. Escribe una ecuación en la que relaciones el número de camisetas, n, y el costo total en dólares, t.

$t =$ ______________________

9. ¿Cuánto costará comprar 15 camisetas? ______________________

10. **Amplía tu razonamiento** Jerry compra 12 camisetas por 69 dólares en una tienda de ropa. Escribe una ecuación que demuestre el costo total en dólares, t, de n camisetas en la tienda de ropa. Compara tu ecuación con la ecuación en el Ejercicio 8. ¿Cómo demuestran las ecuaciones qué tienda vende las camisetas a un precio más bajo? Explica.

____

____

5-13
Haz la tarea

Nombre ______________________ **Fecha** ____________

La escuela primaria Seward piensa comprar brazaletes de una cuarta compañía.

La Compañía D cobra \$3 por 20 brazaletes, más \$2 por el envío.

1. ¿Cuánto cuesta 1 brazalete sin incluir el costo de envío? Muestra tu trabajo.

   ____

2. ¿Cuánto cuestan n brazaletes sin incluir el costo de envío?

   ____

3. Sea n es el número de brazaletes que compra la escuela y sea t el costo total de los brazaletes, en dólares, con el costo de envío incluido. Escribe una ecuación que relacione t y n.

   $t =$ ______________________________

4. Explica lo que cada término a la derecha de la ecuación indica sobre la situación.

   ____

   ____

   ____

5. La ecuación de costo de la Compañía A es $t = 0.125n + 4$

   Ofrece un mejor precio ¿la Compañía A o la Compañía D si la escuela compra 50 brazaletes?

   ____

   Ofrece un mejor precio ¿la Compañía A o la Compañía D si la escuela compra 200 brazaletes?

   ____

Nombre ______________________ Fecha ____________

1 Cheryl se demora 16 minutos para cargar 20 archivos de música. A este ritmo, ¿cuántos archivos puede cargar Cheryl en 40 minutos?

____

Simplifica.

2 $4.56 + 3.09$ ________

3 $67.2 \div 21$ ________

4 $405.4 - 65$ ________

La ecuación que sigue muestra cómo Mandy decide cuánto jugo comprar para una fiesta. En la ecuación, *g* es el número de galones de jugo que compra y *t* es el tiempo, en horas, que dura la fiesta.

$$g = 3t + 5$$

5 Completa la tabla.

horas, *t*	galones, *g*
1	
2	
3	
4	
5	

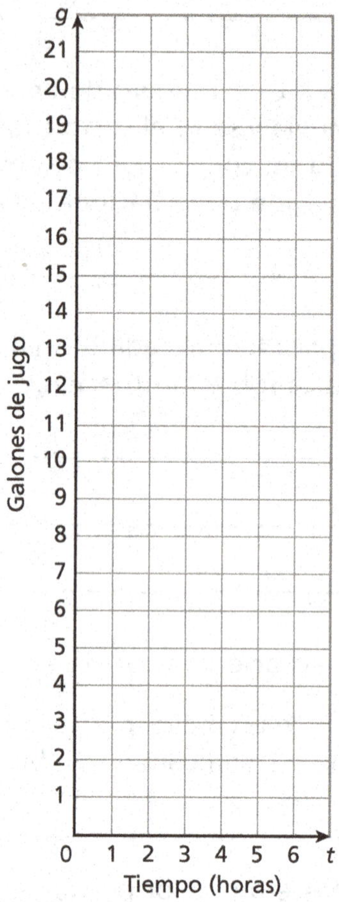

6 Marca los puntos de la tabla. Si tiene sentido hacerlo, conecta los puntos.

7 **Amplía tu razonamiento** Observa la ecuación anterior, que representa la cantidad de jugo que Mandy compra para una fiesta. ¿Qué podría indicarte el 3 de la ecuación sobre la situación? ¿Qué podría indicarte el 5? Explica.

____

____

____

5-14
Haz la tarea

Nombre ______________________________ Fecha ______________

Escribe cada enunciado como una desigualdad.

1. 10 menos 7 es menor que 5. ______________________

2. m es mayor que o igual a 25. ______________________

Escribe cada desigualdad en palabras.

3. $8 > 25 \div 5$ ______________________

4. $9 + 5 < j$ ______________________

Proporciona tres soluciones para cada desigualdad.

5. $y < 11$ ______________________

6. $p \geq 100$ ______________________

7. $3 \bullet c \geq 18$ ______________________

8. $v + 3 > 6$ ______________________

Haz una gráfica con todas las soluciones para la desigualdad.

9. $x \leq 2$

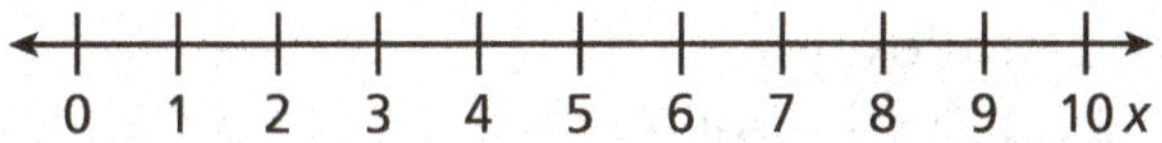

10. $w > 6$

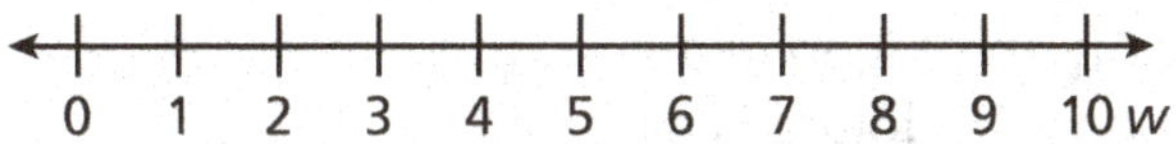

11. Los clientes que gasten $25 o más dinero, no pagan el envío. Sea d el monto que gastó un cliente al que le bonifican el envío. Escribe una desigualdad que demuestre los posibles valores de d.

____

Haz una gráfica de la desigualdad que muestre todos los montos posibles que podría gastar un cliente al que le bonifican el envío.

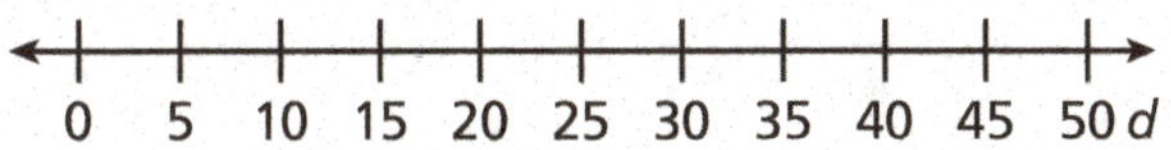

Nombre ______________________ **Fecha** __________

1. Julián necesita 20 listones de madera para construir 8 bibliotecas. ¿Cuántas bibliotecas puede construir si tiene 10 listones?

____

2. Gerry construye una vela con la forma de la pirámide que se muestra. La base es un pentágono regular. Pinta las superficies externas de la vela con pintura brillante. ¿Cuántos centímetros cuadrados cubre con la pintura?

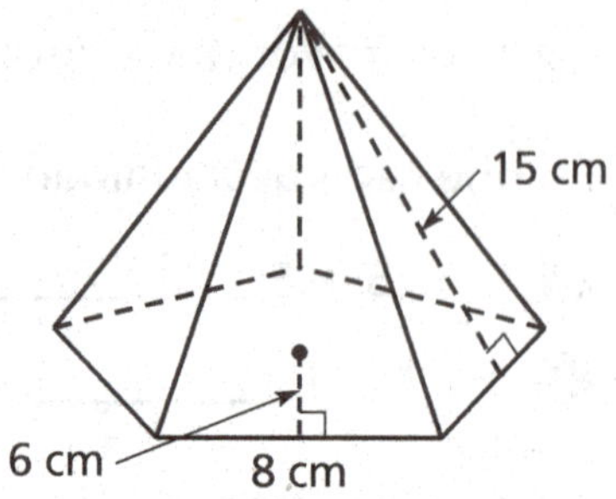

____

Completa la ecuación para representar el problema.
Usa la ecuación para resolver el problema.

3. La excursión de quinto grado cuesta 25 dólares por persona. ¿Qué ecuación relaciona el monto total de la excursión, *t*, con el número de estudiantes que van a la excursión, *s*? ¿Cuánto cuesta la excursión si van 35 estudiantes?

$t =$ ____

4. Jenna realiza una venta en la acera de su casa. Paga 12 dólares por el permiso. Recauda 1.50 dólares por cada artículo que vende. ¿Qué ecuación relaciona el monto total que recauda en la venta, *p*, con el número de artículos que vende, *i*? ¿Cuánto dinero recaudará Jenna si vende 25 artículos?

$p =$ ____

5. **Amplía tu razonamiento** Observa la situación en el Ejercicio 4. Imagina que, en una segunda venta, Jenna paga 15 dólares por el permiso y vende cada artículo por 1.75 dólares. Si vende 30 artículos cada vez, ¿en qué venta ganará más dinero? Explica.

____

____

____

____

5-15
Haz la tarea

Nombre ______ Fecha ______

Considera estas ecuaciones y desigualdades:

$\frac{2}{3}x = \frac{1}{3}x + \frac{1}{4}$ $\quad\frac{2}{3}x < \frac{1}{3}x + \frac{1}{4}$ $\quad\frac{2}{3}x > \frac{1}{3}x + \frac{1}{4}$

1 Evalúa $\frac{2}{3}x$ cuando $x = \frac{1}{2}$.

______

Evalúa $\frac{1}{3}x + \frac{1}{4}$ cuando $x = \frac{1}{2}$.

______

Indica si $x = \frac{1}{2}$ es una solución de la ecuación o la desigualdad.

$\frac{2}{3}x = \frac{1}{3}x + \frac{1}{4}$ ______

$\frac{2}{3}x < \frac{1}{3}x + \frac{1}{4}$ ______

$\frac{2}{3}x > \frac{1}{3}x + \frac{1}{4}$ ______

2 Evalúa $\frac{2}{3}x$ cuando $x = \frac{3}{4}$.

______

Evalúa $\frac{1}{3}x + \frac{1}{4}$ cuando $x = \frac{3}{4}$.

______

Indica si $x = \frac{3}{4}$ es una solución de la ecuación o la desigualdad.

$\frac{2}{3}x = \frac{1}{3}x + \frac{1}{4}$ ______

$\frac{2}{3}x < \frac{1}{3}x + \frac{1}{4}$ ______

$\frac{2}{3}x > \frac{1}{3}x + \frac{1}{4}$ ______

3 Evalúa $\frac{2}{3}x$ cuando $x = 2$.

______

Evalúa $\frac{1}{3}x + \frac{1}{4}$ cuando $x = 2$.

______

Indica si $x = 2$ es una solución de la ecuación o la desigualdad.

$\frac{2}{3}x = \frac{1}{3}x + \frac{1}{4}$ ______

$\frac{2}{3}x < \frac{1}{3}x + \frac{1}{4}$ ______

$\frac{2}{3}x > \frac{1}{3}x + \frac{1}{4}$ ______

Resuelve la ecuación pensando qué valor de *x* hará los lados iguales.

4 $3x + 94 = 21 + 94$

$x =$ ______

5 $7(x - 19) = 7 \cdot 3$

$x =$ ______

6 $145 \div 5 = (x + 8) \div 5$

$x =$ ______

Nombre ____________________ Fecha ____________

1. Anna coloca 22 figuras de vidrio en 4 estantes. ¿Cuántos estantes necesita para colocar 77 figuras de vidrio?

____

Simplifica.

2. $35 \cdot 9$ ______
3. $2{,}431 - 1{,}944$ ______
4. $91 \cdot 3.1$ ______
5. $67.76 \div 1.4$ ______
6. $344 + 12.5$ ______
7. $378 \div 56$ ______
8. $10.2 - 4.21$ ______
9. $204 + 3{,}994$ ______

Escribe cada enunciado como una desigualdad. Luego, proporciona tres soluciones para la desigualdad.

10. 7 menos 5 es menor que *x*.

____

____

11. 8 es mayor que o igual a *u*.

____

____

12. *h* es mayor que 5 veces 8.

____

____

13. *p* por 7 es menor que o igual a 63.

____

____

14. **Amplía tu razonamiento** Johnny escribió estas dos desigualdades:

$t < 25$ y $t \geq 6 \cdot 4$.

¿Cuál podría ser el valor de *t*? Explica.

____

____

Nombre ______________________ Fecha ______________

Usa la operación inversa para escribir una ecuación relacionada. Luego, resuelve la ecuación en términos de *x*.

1. $x - 8 = 2$ ______________
2. $x + 6 = 15$ ______________
3. $x + 4 = 5$ ______________
4. $x - 13 = 6$ ______________
5. $x - 21 = 7$ ______________
6. $x + 14 = 34$ ______________

Escribe y resuelve la ecuación que representa cada modelo. Encierra en un círculo las fichas que retiraste de ambos lados.

7. 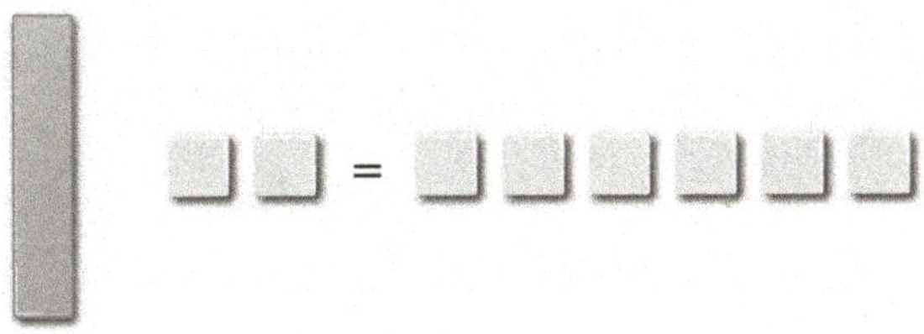

______________ $x =$ ______________

8. 

______________ $x =$ ______________

Resuelve cada ecuación usando cualquier método de tu elección. Usa la sustitución para comprobar tu respuesta.

9. $x - 5 = 4$ $x =$ ______________
10. $x + 2 = 9$ $x =$ ______________
11. $x - 39 = 23$ $x =$ ______________
12. $x + 98 = 174$ $x =$ ______________
13. $x + 10 = 12$ $x =$ ______________
14. $x - 2.6 = 4$ $x =$ ______________
15. $x - \frac{2}{3} = 3\frac{1}{3}$ $x =$ ______________
16. $x + \frac{2}{3} = 5$ $x =$ ______________

Nombre ______________________ Fecha ______________

1 Michelle usa 3 tazas de pasas de uva para hornear dos tandas de galletas. ¿Cuántas tazas de pasas de uva usará para hornear 8 tandas?

____

Evalúa cada expresión si $u = 5$ y $v = 6$.

2 $5 \cdot (u + v) - 12$

____

3 $\frac{1}{2} \cdot u + 16 \div v$

____

4 $\frac{2}{3}v + \frac{1}{4}u$

____

5 $\frac{4}{5}(u + 3) - v$

____

6 Evalúa $\frac{1}{6}x + \frac{1}{2}$ para $x = \frac{1}{2}$.

____

Evalúa $1\frac{2}{3}\,x$ para $x = \frac{1}{2}$.

____

¿Es $x = \frac{1}{2}$ una solución para

$\frac{1}{6}x + \frac{1}{2} = 1\frac{2}{3}x$? ______________

$\frac{1}{6}x + \frac{1}{2} < 1\frac{2}{3}x$? ______________

$\frac{1}{6}x + \frac{1}{2} > 1\frac{2}{3}x$? ______________

Resuelve la ecuación pensando qué valor de *m* hará iguales los dos lados de la ecuación.

7 $4 \cdot 6 = 4(m + 4)$

$m =$ ______________

8 $17 + 2m = 17 + 28$

$m =$ ______________

9 $132 \div 2 = (m \cdot 12) \div 2$

$m =$ ______________

10 **Amplía tu razonamiento** Loretta resolvió la ecuación $5s + 10 = 10 + 60$ pensando en qué valor de *s* hace que la expresión de cada lado de la ecuación sea equivalente. ¿Qué valor le encontró Loretta a la *s*? Explica.

____

____

5-17
Haz la tarea

Nombre ____________________ Fecha ____________

Usa una operación inversa para escribir una ecuación relacionada. Luego, resuelve la ecuación para obtener el valor de x.

1. $x \div 7 = 5$ ____________
2. $8x = 40$ ____________
3. $x \div 4 = 6$ ____________
4. $9x = 63$ ____________
5. $x \div 2 = 13$ ____________
6. $10x = 50$ ____________

Escribe y resuelve la ecuación que cada modelo representa.

7. 

____

8. 

____

Resuelve cada ecuación usando cualquier método. Usa la sustitución para comprobar tu respuesta.

9. $12x = 84$ $x =$ ________
10. $x \div 8 = 16$ $x =$ ________
11. $\frac{1}{5}x = 30$ $x =$ ________
12. $2.5x = 20$ $x =$ ________
13. $\frac{x}{6} = 6$ $x =$ ________
14. $\frac{5}{6}x = 5$ $x =$ ________
15. $3x = 22.5$ $x =$ ________
16. $\frac{x}{4} = 17$ $x =$ ________

Nombre ______________________ Fecha ______________

Resuelve.

1 Bonnie compra lana para tejer al croché. En la primera tienda, compra 8 paquetes por 10 dólares. En la segunda, compra 32 paquetes del mismo tamaño por 44 dólares. ¿Cuál es la tienda menos costosa?

____

Escribe las fracciones equivalentes. Completa.

2	$\frac{5}{12}$ $\frac{3}{8}$ $\rightarrow$	
3	$>, <$	
4	$+$	
5	$-$	
6	$\cdot$	
7	$\div$	

Simplifica cada expresión.

8 $12e + 37 + 5(e - 6) + 2$

____

9 $\frac{1}{2}(12 + n) + 4n - 3$

____

10 $g(12 + g) - 9g - 17$

____

11 $2y(3y) + 16(y + 2) - 10$

____

Resuelve cada ecuación.

12 $16 = 4 + p$ $p =$ ________

13 $r - 3.4 = 10.7$ $r =$ ________

14 $x + 2\frac{2}{5} = 10\frac{1}{2}$ $x =$ ________

15 $y - 10.2 = 6$ $y =$ ________

16 $u - 5\frac{1}{6} = 8$ $u =$ ________

17 $18 = k + 12$ $k =$ ________

18 **Amplía tu razonamiento** Usa la suma para escribir una ecuación que puedas usar para saber el perímetro, *P*, de un rectángulo que tiene una longitud de 6 m y un ancho de 14.6 m. Luego, usa una ecuación para hallar el perímetro.

____

Nombre ______________________ Fecha ______________

La tabla a continuación ilustra el costo de un viaje en taxi según diferentes distancias. El costo total incluye un cargo fijo inicial de 5 dólares y el costo por cada décimo de milla viajada.

Costo del viaje en taxi			
Distancia en millas (*d*)	**Costo de las millas en dólares**	**Cargo inicial en dólares**	**Costo total en dólares (*t*)**
$\frac{1}{10}$	1	5	6
$\frac{1}{5}$			
$\frac{1}{2}$			
$\frac{7}{10}$			
1			

Resuelve.

1. Un costo es el cargo inicial en dólares. ¿Cuál es el otro costo?

____

____

2. Completa la tabla.

3. Gráfica con los datos sobre la distancia y el costo total.

4. Escribe una ecuación que se pueda usar para saber el costo total en dólares (*t*) de un viaje de cualquier distancia en millas (*d*). ______________________

5. Predice el costo de un viaje de $2\frac{1}{2}$ de milla. Usa la ecuación que escribiste en el Ejercicio 4 para comprobar tu predicción. ______________________

5-18 Recuerda

Nombre ______________________ Fecha ______________

1. Durante una semana, por cada 2 millas que corre, Leigh camina 3 millas. ¿Cuántas millas caminará Leigh si corre 10 millas?

____

Simplifica.

2. $6.56 \div 16$ ________
3. $72 \cdot 14$ ________
4. $809 + 1.2$ ________
5. $7{,}125 - 2{,}034$ ________
6. $0.34 \cdot 0.2$ ________
7. $0.729 \div 0.45$ ________

Usa la propiedad distributiva para escribir una expresión equivalente.

8. $3(15 + 11)$ ________
9. $34a + 12ab$ ________
10. $8x(4 + 2b) + 10$ ________
11. $3q + 12w + 4w^2$ ________

Resuelve cada ecuación.

12. $\frac{1}{2}h = 24$ $h =$ ________
13. $16 = 2w$ $w =$ ________
14. $x \div 12 = 9.2$ $x =$ ________
15. $8 = \frac{3}{4}b$ $b =$ ________

16. **Amplía tu razonamiento** Usa la multiplicación para escribir una ecuación que puedas usar para buscar el ancho, *a*, de un rectángulo cuya longitud es de 9 pies y cuya área es de 127.8 pies cuadrados. Luego, usa la ecuación para buscar el ancho.

____

5-19
Haz la tarea

Nombre ______________________ Fecha ______________

Usa un árbol de factores para buscar los factores primos de cada número.

1. 42
2. 81
3. 96
4. 52

Usa un árbol de factores para buscar el máximo común divisor de cada par de números.

5. 24, 36

   MCD = ______________

6. 9, 54

   MCD = ______________

Identifica si cada par de números es un primo relativo.

7. 21, 24 ________
8. 20, 81 ________
9. 25, 42 ________
10. 52, 15 ________

Usa la factorización prima para buscar el mínimo común múltiplo de cada par de números.

11. 42, 34

    42 = ________

    34 = ________

    mcm = ________

12. 81, 63

    81 = ________

    63 = ________

    mcm = ________

13. 96, 18

    96 = ________

    18 = ________

    mcm = ________

14. 52, 1,014

    52 = ________

    1,014 = ________

    mcm = ________

5-19 Recuerda

Nombre ______________________ Fecha ______________

Halla la longitud del lado incógnita.

1
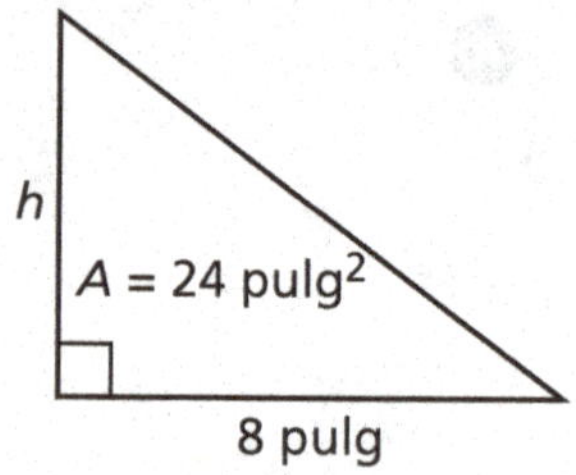

____

2
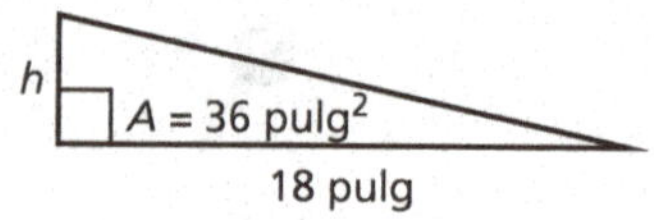

____

3
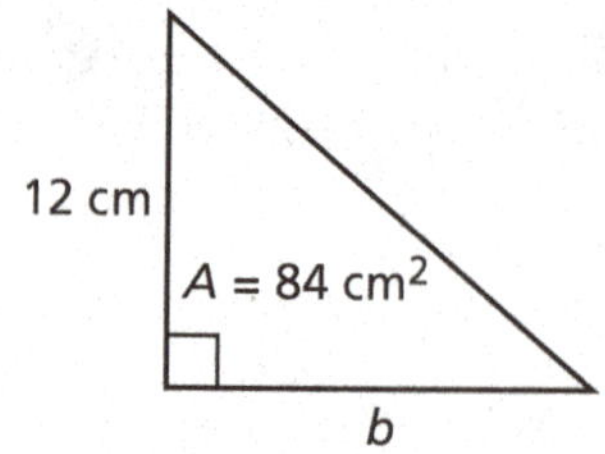

____

Resuelve.

4 Una diagonal divide una mesa cuadrada que mide 3 pies de un lado. ¿Cuál es el área en cualquiera de los dos lados de la diagonal?

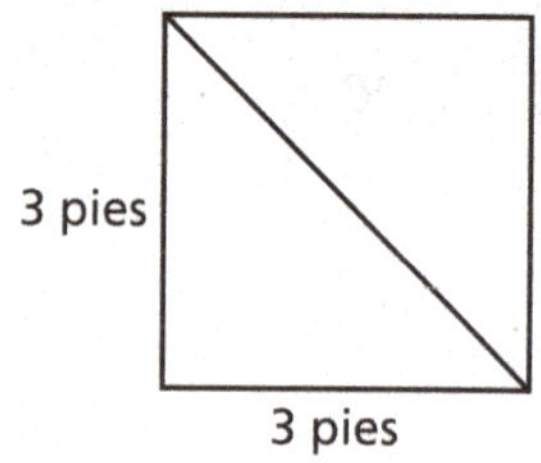

____

5 Tanya corta una placa rectangular de acero a la mitad a lo largo de una diagonal para formar dos triángulos rectángulos iguales. Cada triángulo tiene un área de 32 pies cuadrados La altura de un triángulo es de 4 pies. ¿Cuál es la longitud de la base?

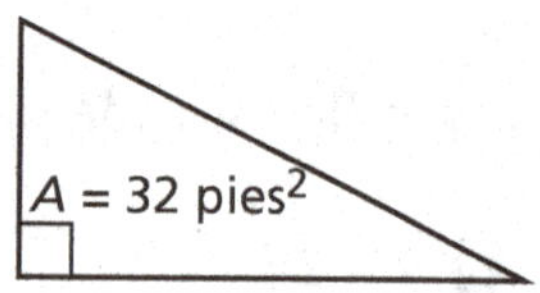

____

6 **Amplía tu razonamiento** ¿Es 613 un número primo? Explica cómo lo sabes.

____

____

____

____

5-20
Haz la tarea

Nombre ______________________ Fecha ______________

Coloca una marca de verificación para demostrar si debes buscar el máximo común divisor (MCD) o el mínimo común múltiplo (mcm) para resolver el problema. Luego resuelve.

1. Una receta para preparar pan indica que se necesitan 24 tazas de harina y 12 tazas de agua. Para preparar una tanda de la menor cantidad de la receta usando un número entero de tazas de cada ingrediente, Juan divide el número de tazas de cada ingrediente entre un número. ¿Cuál es el número?

☐ MCD ☐ mcm ______

2. Michael quiere agregar $\frac{11}{54}$ a $\frac{13}{38}$. ¿Cuál es el mínimo denominador que puede usar?

☐ MCD ☐ mcm ______

3. Katie compra perros calientes y panecillos para una parrillada. Los perros calientes vienen en paquetes de 10 y los panecillos, en paquetes de 8. ¿Qué número mínimo de cada producto puede comprar para tener la misma cantidad de perros calientes y panecillos?

☐ MCD ☐ mcm ______

Resuelve.

4. Escribe 42 como la suma de dos números primos. ______________

5. Escribe 92 como la suma de dos números primos. ______________

6. ¿Cuál es el mínimo número primo que es mayor que 80? ______________

7. Una caja rectangular tiene 5 pulgadas por 7 pulgadas por 8 pulgadas. Enumera 3 cajas diferentes que tengan el mismo volumen, los extremos con la misma longitud de números enteros y una dimensión de 2 pulgadas.

____

8. ¿Puedes escribir dos números pares que sean primos relativos? Explica.

____

____

____

9. Un número tiene un factor de 23 y es primo relativo de 87. El mínimo común múltiplo de los dos números es 4,002. ¿Cuál es el número? ______________

5-20
Recuerda

Nombre ______________________ Fecha ________

Cada uno de los siguientes productos o cocientes, ¿será mayor o menor que la primera fracción? Encierra en un círculo tu predicción y luego halla el producto o cociente verdadero para corroborar tu predicción.

1. $\frac{3}{5} \div \frac{2}{7}$ Predice: $< \frac{3}{5}$ o $> \frac{3}{5}$

____

2. $\frac{7}{8} \cdot \frac{1}{3}$ Predice: $< \frac{7}{8}$ o $> \frac{7}{8}$

____

3. $\frac{7}{10} \cdot \frac{3}{4}$ Predice: $< \frac{7}{10}$ o $> \frac{7}{10}$

____

4. $\frac{4}{5} \div \frac{4}{9}$ Predice: $< \frac{4}{5}$ o $> \frac{4}{5}$

____

Indica si necesitas multiplicar o dividir. Luego resuelve.

5. Una caja contiene $2\frac{3}{8}$ litros de leche. ¿Cuántas porciones completas de $\frac{1}{4}$ de litro de leche se pueden obtener del cartón?

____

6. Un escritorio tiene $2\frac{1}{2}$ pies de profundidad y $3\frac{1}{4}$ pies de longitud. Bruce necesita 8 pies cuadrados de espacio para ordenar sus herramientas de trabajo. ¿Cuál es el área del escritorio? ¿Es lo suficientemente largo?

____

7. **Amplía tu razonamiento** ¿Qué mínimo común múltiplo usarías para simplificar $\frac{7}{12} + \frac{11}{45} + \frac{17}{50}$? Explica.

____

____

Nombre ______________________ Fecha ______________

Calcula el área de superficie y el volumen.

1 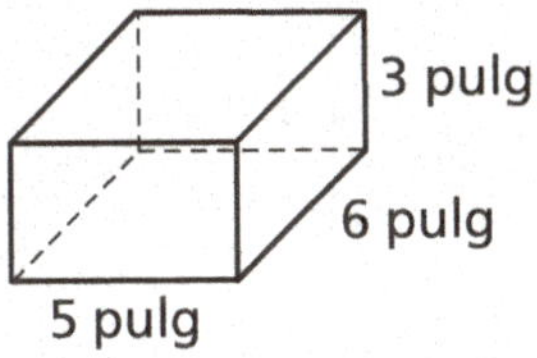

2 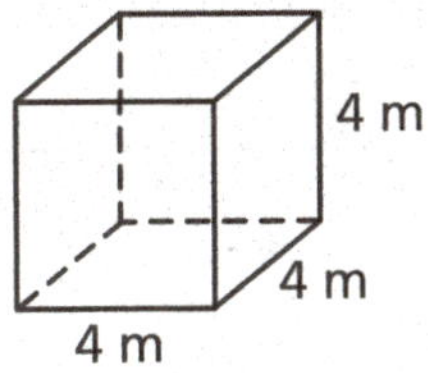

3 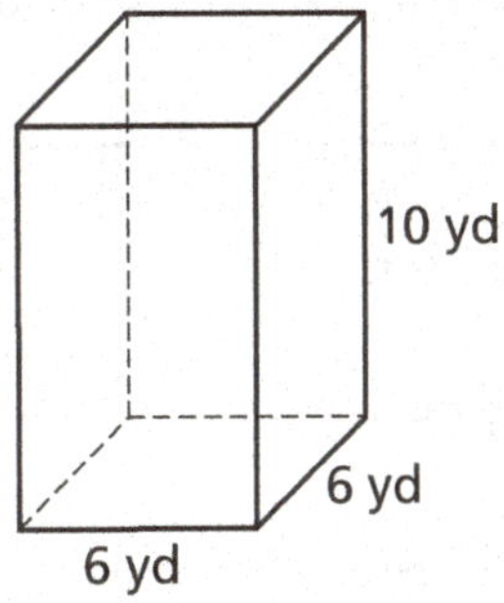

AS = ______________ *AS* = ______________ *AS* = ______________

V = ______________ *V* = ______________ *V* = ______________

Elige la medida más apropiada. Escribe *perímetro, área de superficie* o *volumen.*

4 la distancia alrededor de un centro comercial ______________

5 la cantidad de mantillo que se necesita para poner una capa de 2 pulgadas de espesor en la parte superior de un jardín cuadrado ______________

6 la cantidad de laminado que se necesita para una casa ______________

Resuelve.

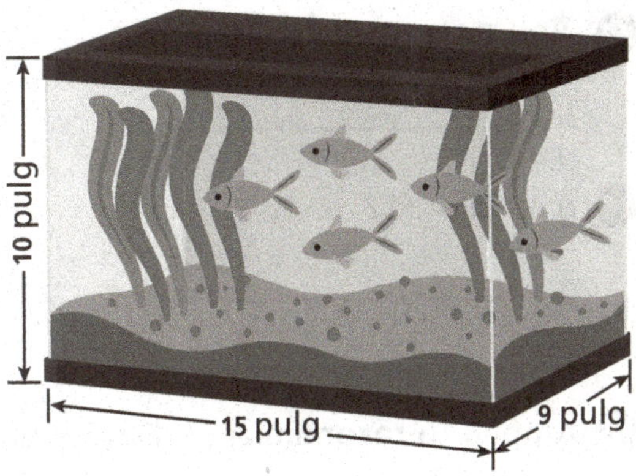

7 ¿Cuántas pulgadas cúbicas se necesitan para llenar el acuario? ¿Cuál es el área de superficie abierta del agua?

____

8 Para tener una buena salud, un pez de 2 pulgadas de longitud necesita 48 pulgadas cuadradas de área de superficie abierta. ¿Cuántos peces de aproximadamente 2 pulgadas podrían mantenerse en un acuario con una superficie abierta que mide 16 pulgadas por 21 pulgadas?

____

9 El volumen de un acuario para un pez es 384 pulgadas cúbicas. La altura del acuario es 6 pulgadas. La base es un cuadrado. ¿Cuáles son las dimensiones de la base?

____

6-1 Recuerda

Nombre ______________________ Fecha ________

1 Julie cuida niños durante 10 horas y gana 45 dólares. A ese ritmo, ¿cuántas horas tendrá que cuidar niños para ganar 72 dólares?

____

Resuelve.

2 $4.55 \cdot 13$ ________

3 $23.4 \div 6$ ________

4 $3{,}094 + 1{,}229$ ________

5 $7{,}299 - 6{,}459$ ________

6 $0.095 \cdot 3$ ________

7 $0.03402 \div 0.09$ ________

Resuelve cada ecuación.

8 $\frac{3}{4} + y = 1\frac{2}{3}$

$y =$ ________

9 $8 = \frac{2}{5}u$

$u =$ ________

10 $p - 9.3 = 29.4$

$p =$ ________

11 $t \div 1\frac{3}{4} = 4\frac{1}{2}$

$t =$ ________

12 $\frac{h}{14} = 24$

$h =$ ________

13 $8\frac{1}{2} = \frac{3}{4} + b$

$b =$ ________

14 $g + 45 = 112$

$g =$ ________

15 $5.4m = 24.3$

$m =$ ________

16 **Amplía tu razonamiento** Escribe una ecuación que puedas usar para buscar la altura, *h*, de un prisma rectangular con una longitud de 5 cm, un ancho de 3 cm y un área de superficie de 62 cm^2. Luego, usa la ecuación para buscar la altura del prisma. Muestra tu trabajo.

____

____

____

6-2 Haz la tarea

Nombre ____________________ Fecha ____________________

Determina el volumen.

1.

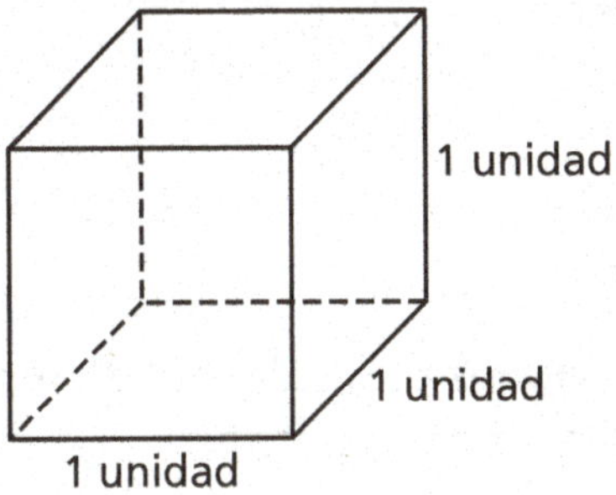

Cubo unitario

$V =$ ________

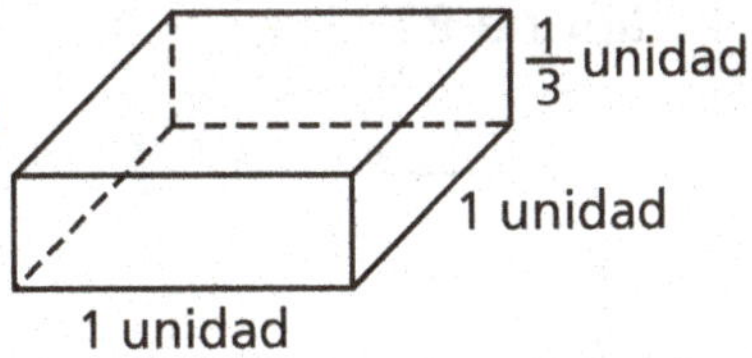

Prisma D

$V =$ ________

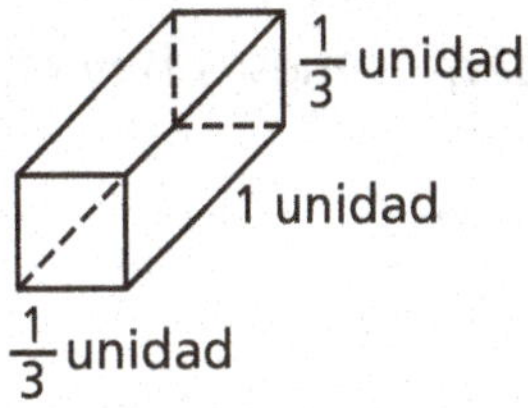

Prisma E

$V =$ ________

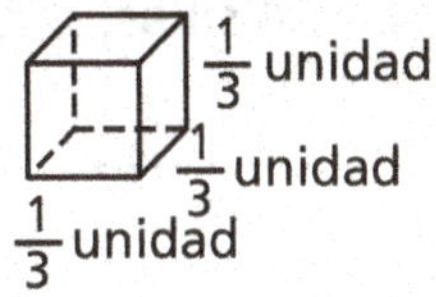

Prisma F

$V =$ ________

2.

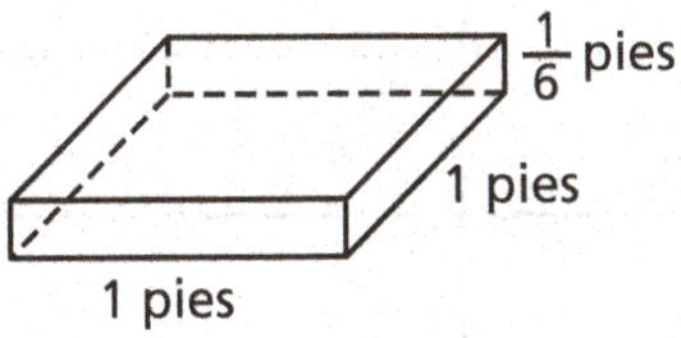

$V =$ ________________

3.

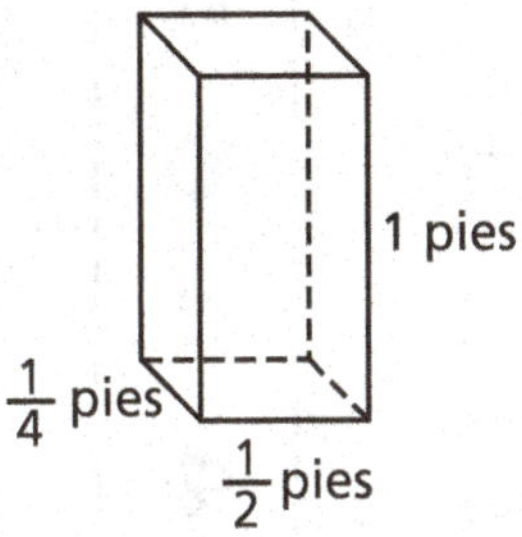

$V =$ ________________

4.

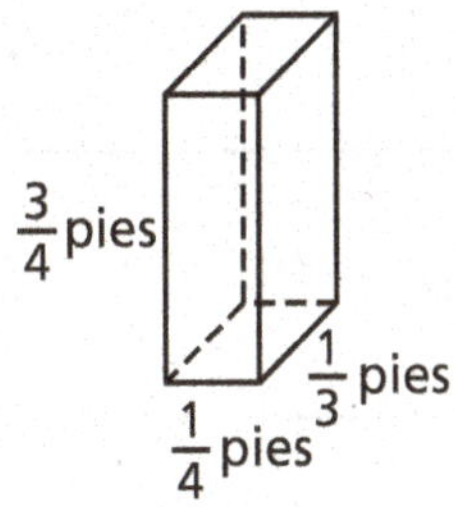

$V =$ ________________

5.

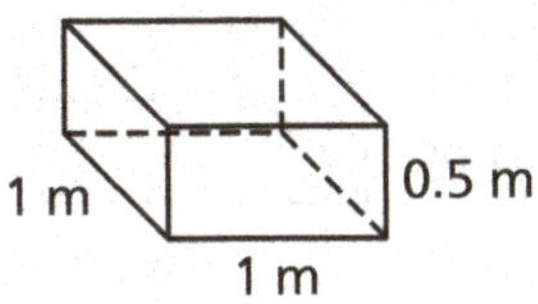

$V =$ ________________

6.

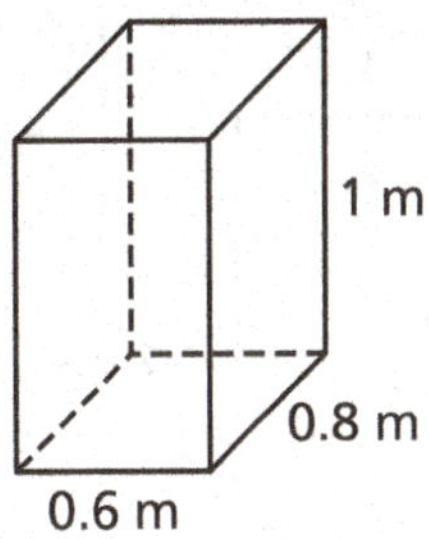

$V =$ ________________

7.

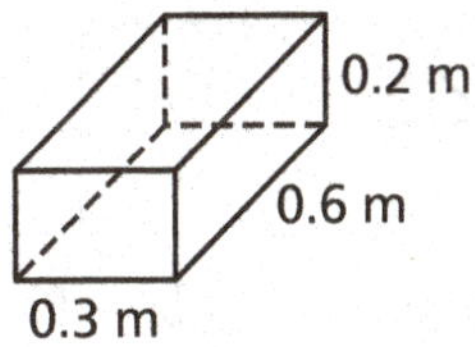

$V =$ ________________

Resuelve.

8. Una caja de plástico con forma de prisma rectangular tiene una base de $\frac{7}{2}$ pulgadas por $\frac{5}{2}$ pulgadas y una altura de $\frac{1}{2}$ pulgadas. ¿Cuántos cubos con aristas de $\frac{1}{2}$ pulgadas de longitud se necesitarían para llenar la caja de plástico? ¿Cuál es el volumen del prisma? ________________________

9. Describe dos prismas rectangulares diferentes, cada uno de los cuales tiene un volumen de $\frac{8}{100}$ pies cúbicos.

____

____

Nombre ______________________________ Fecha ______________

1 La cantina A y la cantina B tienen la misma razón entre mesas y sillas. La cantina A tiene 7 mesas y 42 sillas. La cantina B tiene 54 sillas. ¿Cuántas mesas hay en la cantina B?

____

Simplifica combinando términos semejantes. Si es posible, usa la propiedad distributiva.

2 $4r + t(r + 6) + 7t$

____

3 $15 + 3(y - 4 + g) - 2g$

____

4 $6y + 8ut + 17 - 4y - 10$

____

Escribe las fracciones equivalentes. Completa.

5	$3\frac{3}{8}$ $3\frac{1}{6}$ $\rightarrow$	
6	$>, <$	
7	$+$	
8	$-$	
9	$\cdot$	
10	$\div$	

Busca el área de superficie y el volumen.

11

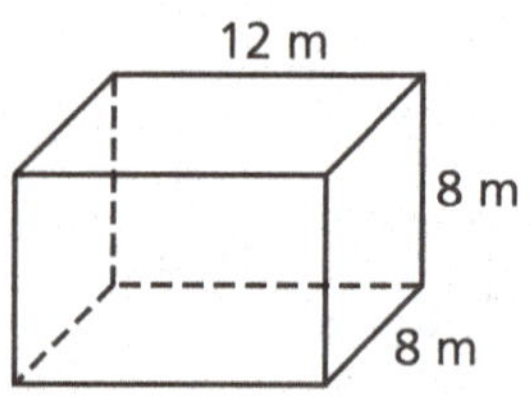

$SA =$ ______________

$V =$ ______________

12

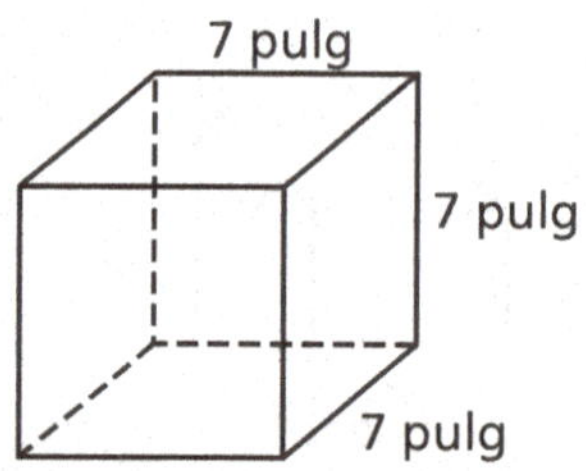

$SA =$ ______________

$V =$ ______________

13

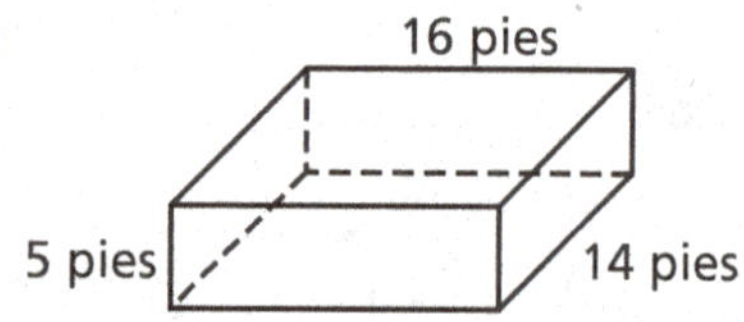

$SA =$ ______________

$V =$ ______________

14 **Amplía tu razonamiento** Cuando Carrie calculó el área de superficie y el volumen de un prisma rectangular, obtuvo el mismo número. Solo las unidades de medida eran diferentes. Describe la figura de Carrie. Explica tu respuesta.

____

____

____

____

Nombre ______________________________ Fecha ______________

1 Dibuja la base para un prisma en la cuadrícula de centímetros a continuación. Selecciona una altura fraccionaria. Visualiza el prisma. Luego, escribe una expresión para el volumen del prisma usando esas dimensiones.

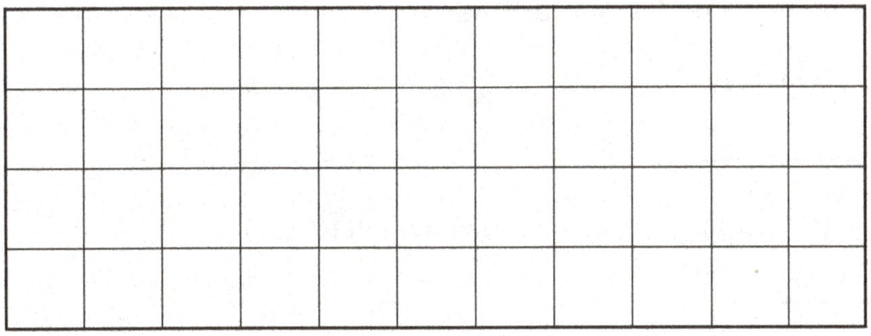

____

2 Explica el volumen del prisma en el Ejercicio 1 en términos de capas de cubos.

____

____

3 Calcula el volumen del prisma que visualizaste en el Ejercicio 1.

____

Determina el volumen.

4 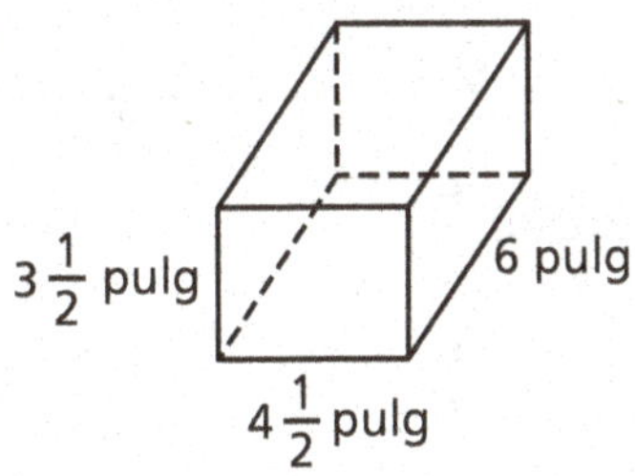

$V =$ ______________

5 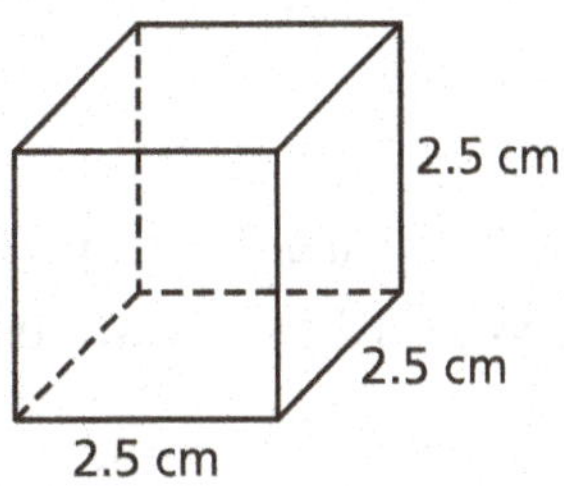

$V =$ ______________

6 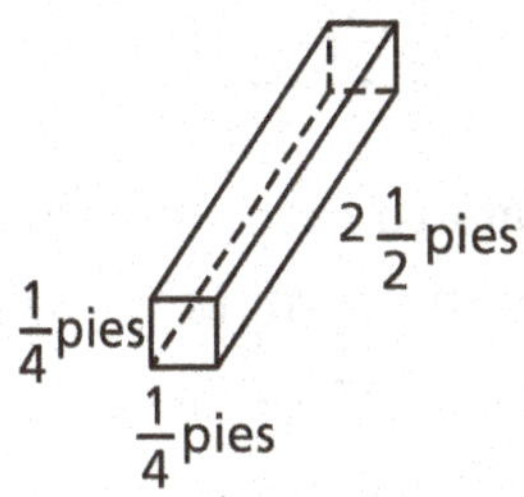

$V =$ ______________

Determina la dimensión incógnita.

7 Un prisma rectangular tiene un volumen de 7.875 m^3 y una altura de 3.5 m. ¿Cuál es el área de la base del prisma?

____

8 Un prisma rectangular tiene un volumen de 9 pulgadas cúbicas. El área de la base mide 4 pulgadas cuadradas. ¿Cuál es la atura del prisma?

____

Nombre ____________________ Fecha ____________

1 Jeremiah resolvió correctamente 8 de los 10 problemas de su evaluación. Mariah resolvió correctamente 36 de los 40 problemas de su evaluación. ¿Quién resolvió correctamente la fracción más grande de sus problemas?

____

Simplifica cada expresión usando el orden de las operaciones.

2 $7 + 3^2 \cdot 2$ ____________

3 $16 + 4(9 + 4)$ ____________

4 $6.7 + 33.2 \div 4 - 5$ ____________

5 $(4 + 5)^2 - 2 \cdot 12$ ____________

6 $5 + 3(4 + 2.1) - 10.3$ ____________

7 $36 - 4(10 - 3)$ ____________

Determina el volumen.

8
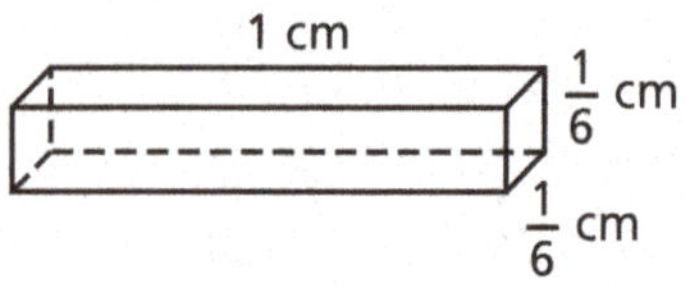

$V =$ ____________

9
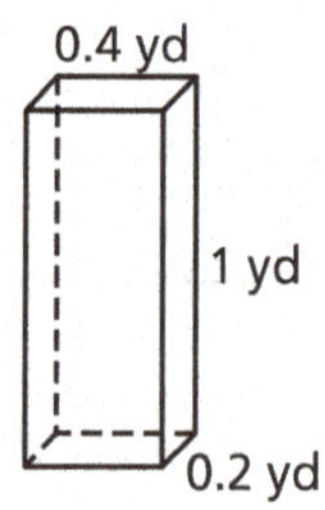

$V =$ ____________

10
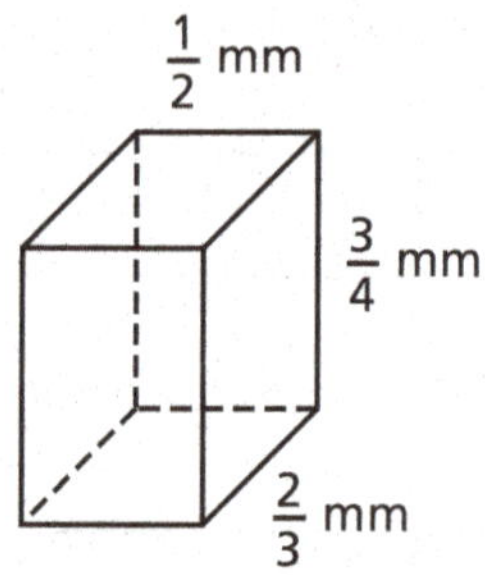

$V =$ ____________

11 **Amplía tu razonamiento** El ancho y la altura de un prisma rectangular son 4 m y 6 m. El volumen del prisma es 12 m^3. ¿Cuál es la longitud del prisma? Explica.

____
____
____
____
____
____

Nombre ______________________ Fecha ______________

Escribe una expresión numérica para el volumen.
Luego calcula el volumen.

1 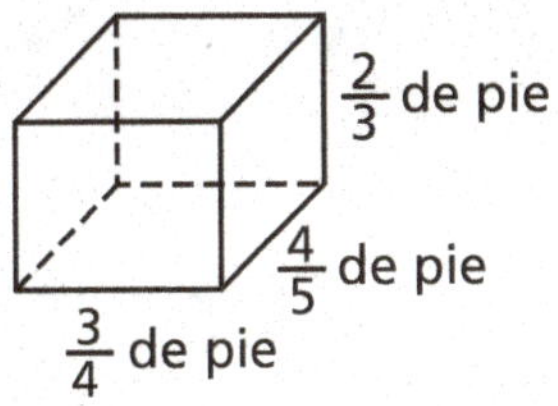

$V =$ ______________

2 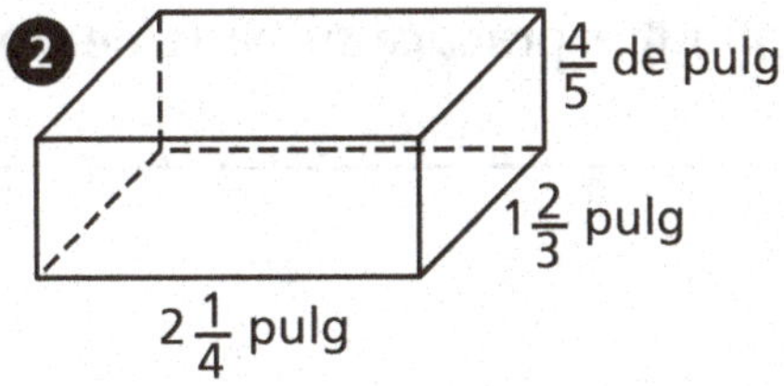

$V =$ ______________

3 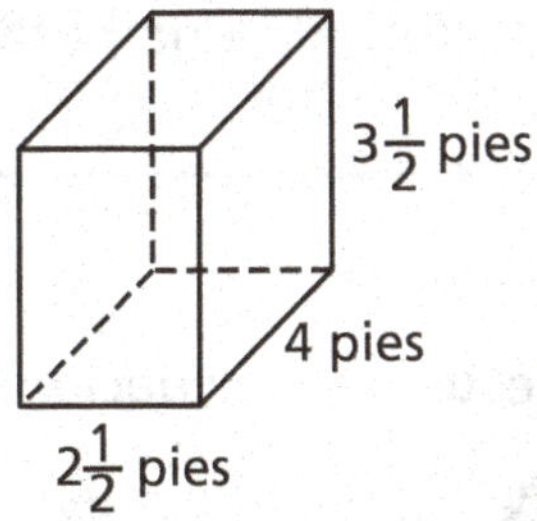

$V =$ ______________

Busca la dimensión o el volumen incógnito de cada prisma rectangular.

4 $l = 4\frac{1}{2}$ pulg
$a = 1\frac{1}{3}$ pulg
$h = \frac{3}{4}$ de pulg
$V =$ __________

5 $V = 25\frac{3}{5}$ yd^3
$a = 3\frac{1}{5}$ yd
$h = 2\frac{1}{2}$ yd
$l =$ __________

6 $l = 6$ pies
$a = 3\frac{1}{2}$ pies
$V = 49$ $pies^3$
$h =$ __________

7 $l = 4.6$ cm
$h = 3.4$ cm
$a = 2.5$ cm
$V =$ __________

Resuelve.

8 Un contenedor rectangular para almacenamiento tiene una base que mide 1.2 m por 3 m y tiene 2.4 m de altura. ¿Cuál es el volumen del contenedor para almacenamiento?

____

9 Una caja de arena mide 3 pies por 4 pies y tiene 6 pulgadas de altura. ¿Cuántos pies cúbicos de arena puede contener la caja de arena?

____

10 Una caja para almuerzos tiene un volumen de 221 pulgadas cúbicas. La altura es de 4 pulgadas y el ancho es $6\frac{1}{2}$ pulgadas. ¿Cuál es la longitud?

____

6-4 Recuerda

Nombre ____________________ Fecha ____________

1. Durante el ensayo de una obra, Sarah pasa 12 de cada 20 minutos ensayando su parlamento. Si Sarah está en el ensayo durante una hora, ¿cuántos minutos practica su parlamento?

____

Resuelve la ecuación.

2. $5 + 9t = 5 + 45$

   $t =$ ____________

3. $8 + 2 = 2 + 4y$

   $y =$ ____________

4. $\frac{r}{16} = 32$

   $r =$ ____________

5. $\frac{5}{7} + j = 1\frac{2}{5}$

   $j =$ ____________

Determina el volumen.

6. 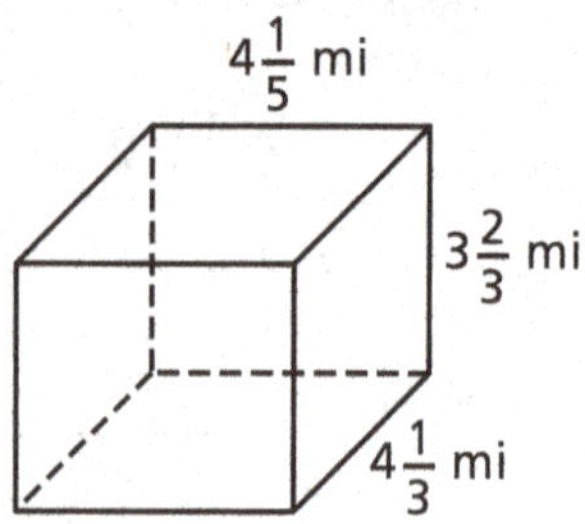

   $V =$ ____________

7. 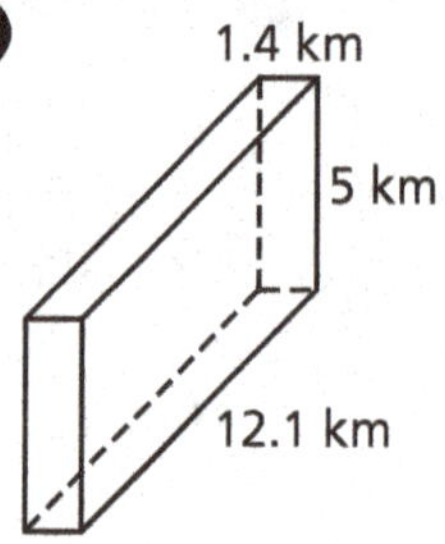

   $V =$ ____________

8. 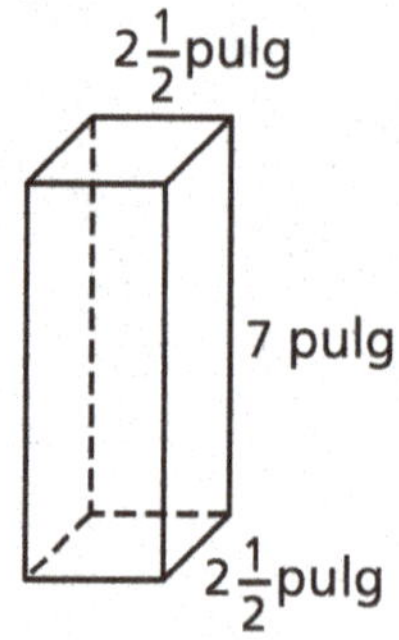

   $V =$ ____________

9. **Amplía tu razonamiento** Escribe una ecuación que puedas usar para representar el volumen de un prisma cuadrado. Usa la letra *b* para representar la longitud y el ancho de la base. Usa la letra *h* para representar la altura del prisma. Si es posible, usa exponentes. Luego, explica tu respuesta.

____

____

____

____

6-5
Haz la tarea

Nombre ____________________ Fecha ____________

Escribe una ecuación para el volumen, *V*, usando las variables que se proporcionan.

1. Cada arista de un cubo mide *p* pies de longitud. Si *V* es el volumen del cubo, escribe una ecuación en la que relaciones *p* y *V*.

____

2. Un prisma rectangular tiene una base cuadrada; la longitud de sus aristas es *e* y la altura es *r*. Escribe una ecuación en la que relaciones *e*, *r* y *V*.

____

3. Un prisma rectangular tiene 6 cm de alto y una base cuya área mide *C* cm^2. Escribe una ecuación en la que relaciones *C* y *V*.

____

Resuelve.

Muestra tu trabajo.

4. Una caja para envíos está $\frac{2}{3}$ llena con maní. La caja tiene una longitud de $10\frac{1}{2}$ pulgadas, un ancho de $8\frac{1}{2}$ pulgadas y una altura de 12 pulgadas. ¿Cuál es el volumen de los maníes?

____

5. La longitud de un acuario es 13 pulgadas. El ancho es $\frac{1}{2}$ de la longitud. La altura es $1\frac{1}{2}$ pulgadas más que el ancho. ¿Cuál es el volumen del acuario?

____

6. La suma de las áreas de la parte superior y la parte inferior de una caja de cereal es 32 cm^2. La longitud de la caja es 4 veces su ancho. ¿Cuál es la longitud de la caja?

____

7. El mantillo cuesta 8 dólares la yarda cúbica. ¿Cuánto costará poner 12 pulgadas de mantillo en un jardín de 6 yardas por 7 yardas?

____

8. Una caja de lápices tiene 8 pulgadas de longitud, 3 pulgadas de ancho y $\frac{1}{2}$ pulgada de altura. ¿Cuál es el máximo número de cajas de lápices que entrará en una caja para envíos cuya base es $1\frac{1}{3}$ pies por $\frac{3}{4}$ pies y una altura de 1 pie?

____

6-5 Recuerda

Nombre ______________________ Fecha ______________

1. Johab demora 32 minutos en imprimir 20 fotografías. A este ritmo, ¿cuántas fotografías imprimirá Johab en 1 hora y 12 minutos?

____

Resuelve.

2. 1,893 ÷ 345 ________

3. 1.02 · 16 ________

4. 69.23 + 1.22 ________

5. 4.67 · 1.1 ________

6. 34.529 ÷ 0.043 ________

7. 10,343 − 9,844 ________

Escribe una expresión numérica para el volumen. Luego calcula el volumen.

8. 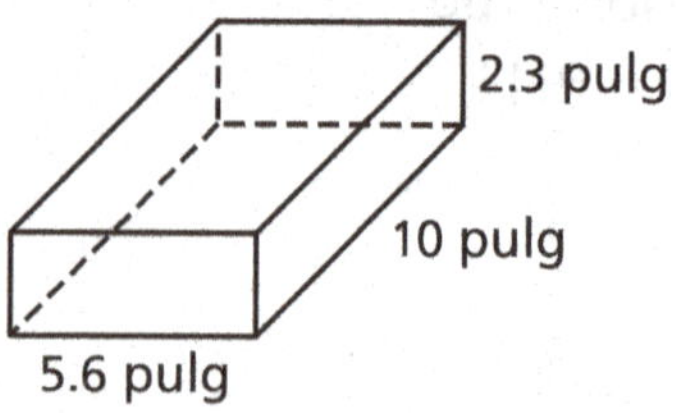

$V =$ ________

9. 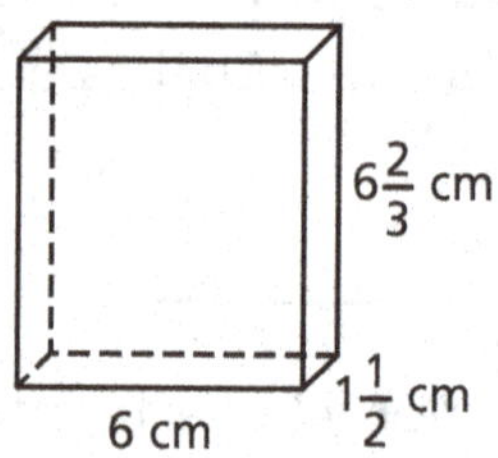

$V =$ ________

10. 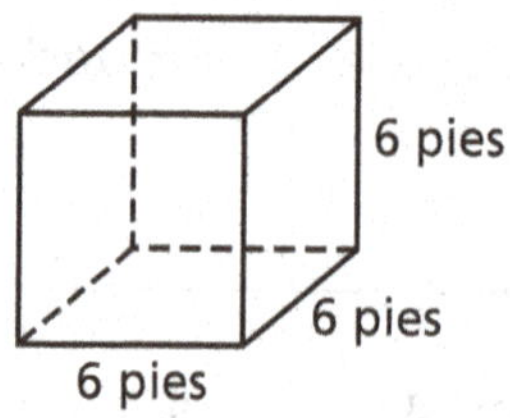

$V =$ ________

11. **Amplía tu razonamiento** El volumen de un prisma rectangular con una base cuadrada es 67.5 m^3. La altura del prisma es 7.5 m. ¿Cuáles son las dimensiones de la base del prisma? Explica.

____

____

____

____

Nombre ______________________ Fecha ______________

Un centro comercial necesita un diseño para un estanque rectangular para peces naranja, con un área para paisajismo, una cerca de seguridad y una acera junto a la cerca en la parte exterior.

1. En el espacio a continuación, dibuja el diseño del estanque para peces naranja y el área alrededor. Marca las dimensiones en tu diseño. Recuerda incluir la profundidad del estanque.

2. Usa tu dibujo para buscar el perímetro de la cerca, el área de la acera y el volumen del estanque para peces.

____

____

____

6-6
Recuerda

Nombre ______________________ Fecha ______________

La ecuación que sigue muestra la cantidad de dinero que Park gasta en la tienda. En la ecuación, *c* es el número de tarjetas de béisbol que compra y *t* es el monto total de dinero que gasta.

$$t = 1.5c + 6$$

❶ Completa la tabla.

$$t = 1.5c + 6$$

tarjetas, *c*	total ($), *t*
1	
2	
3	
4	
5	

❷ Dibuja los puntos de la tabla. Si tiene sentido hacerlo, conecta los puntos.

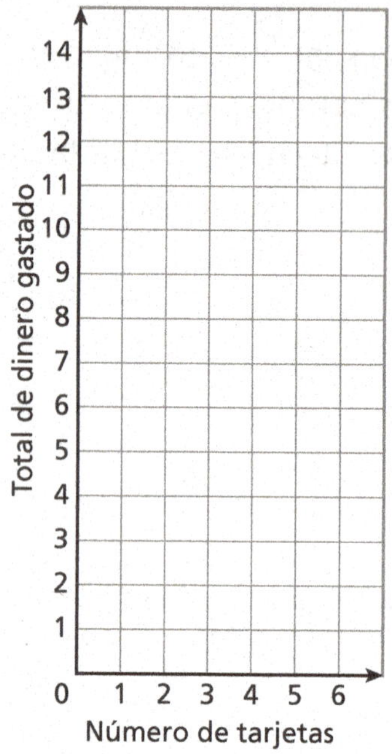

Resuelve.

❸ Jacqueline gana 88 dólares cortando el césped de 16 jardines. En función de esta razón, ¿cuánto gana por cortar el césped en 6 jardines?

____

❹ La suma de las áreas de la parte superior y la parte inferior de un armario es 54 pies cuadrados. La altura del gabinete es 5 pies. ¿Cuál es el volumen del gabinete?

____

❺ **Amplía tu razonamiento** Janaya quiere construir una caja de juguetes. Haz un dibujo de la caja y halla el volumen. Luego, duplica cada dimensión de la caja y halla el volumen de la caja más grande. Escribe las ecuaciones que demuestren la relación entre el volumen de la caja pequeña y el volumen de la caja grande. Explica tu respuesta.

____

____

____

Nombre ______________________ Fecha ______________

Describe cada ángulo.

1 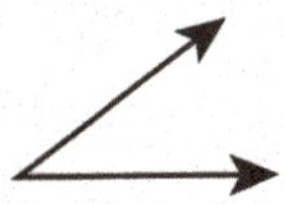

____

2 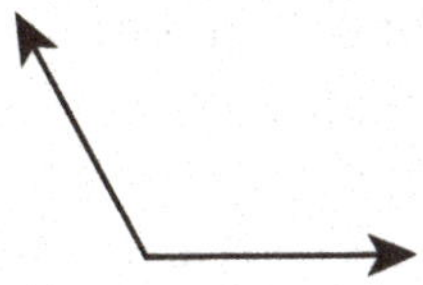

____

3 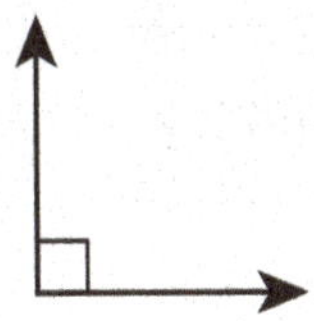

____

4 a. ¿Cuál es la medida de $\angle GEH$? ¿Cómo lo sabes?

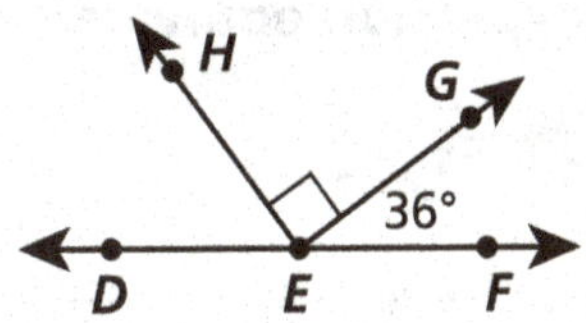

____

b. $\angle DEH$ y $\angle FEG$, ¿son suplementarios, complementarios o ninguna de las dos cosas? Explica.

____

c. Escribe y resuelve una ecuación que puedas usar para hallar la medida de $\angle DEH$.

____

Hallar las medidas incógnitas de los ángulos.

5 $m\angle DBE$ = ________

6 $m\angle ABD$ = ________

7 $m\angle ABC$ = ________

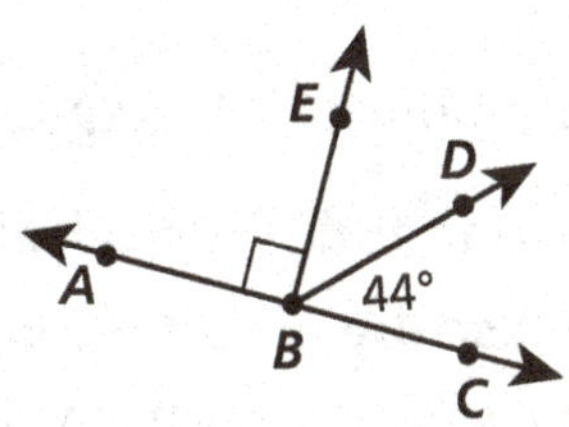

8 $m\angle RVS$ = ________

9 $m\angle SVT$ = ________

10 $m\angle RVT$ = ________

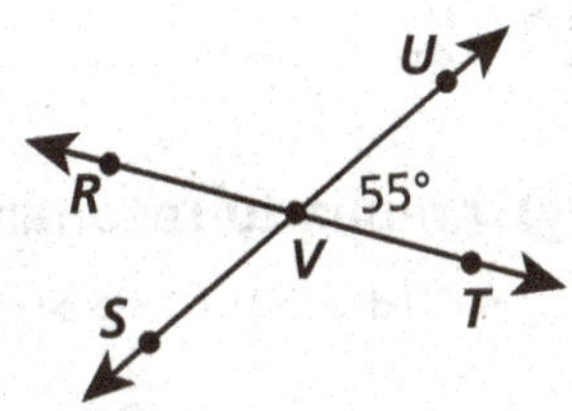

Nombre ____________________ Fecha __________

1. Un profesor de educación física llevó a la clase n bolsas de 10 pelotas de tenis de mesa. Al final de la clase, 4 pelotas de tenis estaban dañadas.

Escribe una expresión para el número de pelotas que no estaban dañadas y luego, evalúa la expresión para $n = 4$.

____

Aplica la propiedad distributiva para escribir una expresión equivalente.

2. $5s - 25$ ______________

3. $7x + 63$ ______________

4. $9d + 36$ ______________

5. $11m - 33$ ______________

Indica si las expresiones son equivalentes.

6. $(7x)(6y)$ y $13xy$ ______

7. $5n + 4s - 2n$ y $3n + 4s$ ______

8. $2 + 3(m + n)$ y $2 + 3m + n$ ______

9. $(9a)(9a)$ y $81a^2$ ______

Simplifica cada expresión. Asegúrate de seguir estos pasos:

- **Haz todos los cálculos que puedas.**
- **Escribe cada término con el coeficiente adelante.**
- **Combina términos iguales.**

10. $7^2 - v + 3v + 1$ ______

11. $2a + 4b - 5a + 3a$ ______

12. $12(f + 3g)$ ______

13. $7r(5) + 2r + r(10)$ ______

14. **Amplía tu razonamiento** ¿Qué es cierto acerca de dos ángulos si cada ángulo es suplementario a un tercer ángulo? Explica.

____

____

6-8 Haz la tarea

Nombre ______________________ Fecha ______________

❶ ¿Cuál es la suma de las medidas de los ángulos en el triángulo *ABC*? Explica.

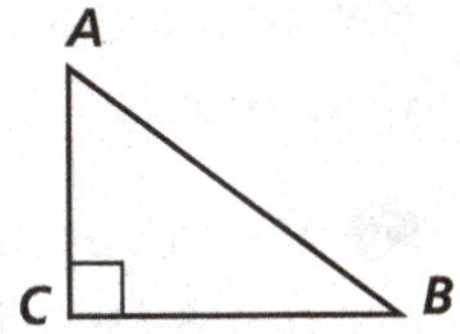

____

Busca la medida incógnita del ángulo.

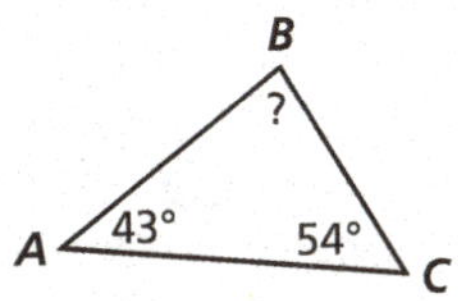

❷ $m\angle ABC =$ ________

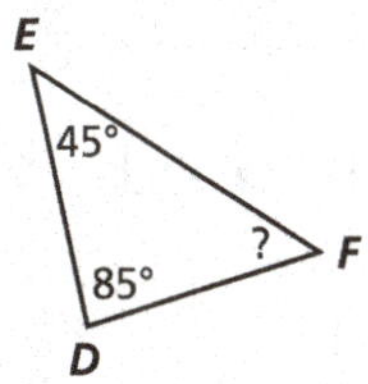

❸ $m\angle EFD =$ ________

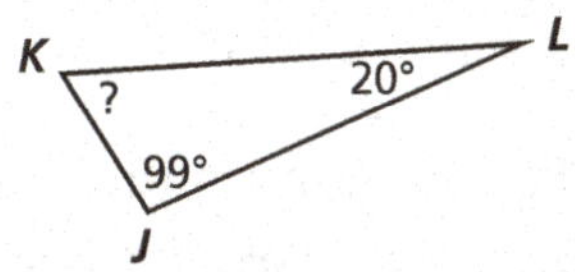

❹ $m\angle JKL =$ ________

Busca el valor de *X*.

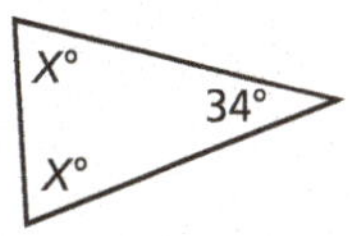

❺ $x =$ ________

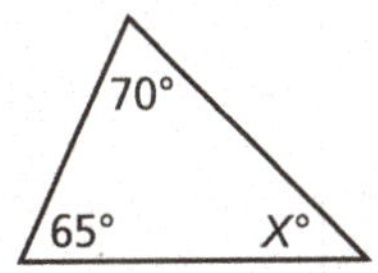

❻ $x =$ ________

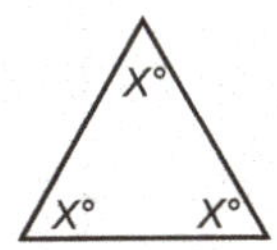

❼ $x =$ ________

Busca la medida del ángulo externo.

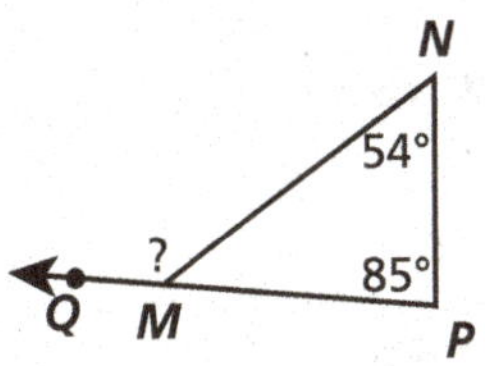

❽ $m\angle QMN =$ ________

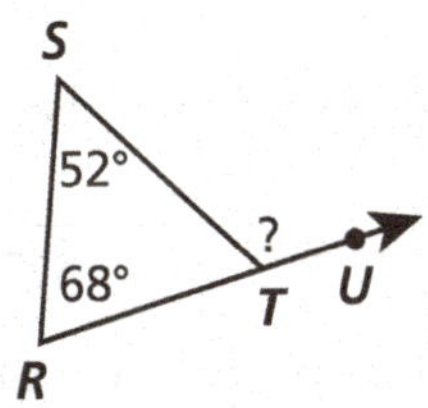

❾ $m\angle STU =$ ________

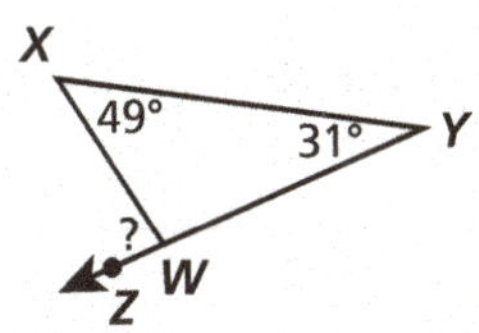

❿ $m\angle XWZ =$ ________

⓫ ¿Cuál es la medida de $\angle EFG$? Explica cómo lo sabes.

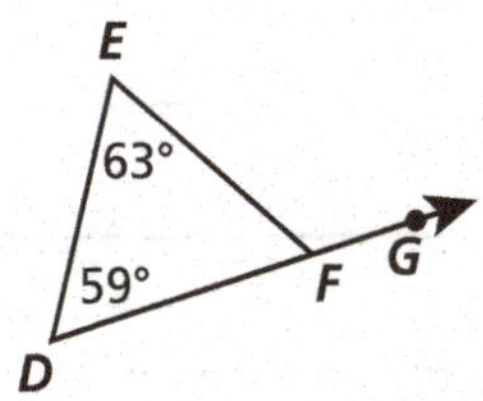

____

____

____

____

Nombre ____________________ Fecha ____________

Haz una tabla de razones para cada situación. Asegúrate de rotular las columnas.

1. Maria y John ponen sus propias filas de monedas en una mesa para contarlas. Maria arma filas de 5 y John arma filas de 10.

2. En una venta de comida en la escuela, se venden 5 galletas por cada 2 magdalenas.

3. La receta para un lote de ponche indica mezclar 4 tazas de jugo de piña por cada 3 tazas de jugo de papaya.

Tabla de razones 1

___	___

la unidad vinculante es ____________.

Tabla de razones 2

___	___

la unidad vinculante es ____________.

Tabla de razones 3

___	___

la unidad vinculante es ____________.

4. **Amplía tu razonamiento** Si uno de los ángulos de un triángulo es obtuso, ¿puede otro ángulo del mismo triángulo ser obtuso? Explica.

____

____

____

____

6-9
Haz la tarea

Nombre ______________________ Fecha ____________

❶ **Completa la tabla.**

Número de lados de un polígono		7	
Triángulos formados por las diagonales de uno de los vértices			7
Suma de los ángulos internos de un polígono	360°		

❷ Escribe una fórmula que puedas usar para hallar la suma de las medidas de los ángulos internos de un polígono. Usa la fórmula para hallar la suma de las medidas de los ángulos internos de un polígono de 10 lados.

____

____

Halla la medida incógnita del ángulo.

❸

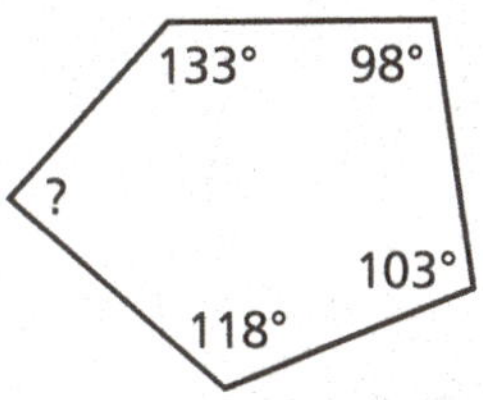

____

❹

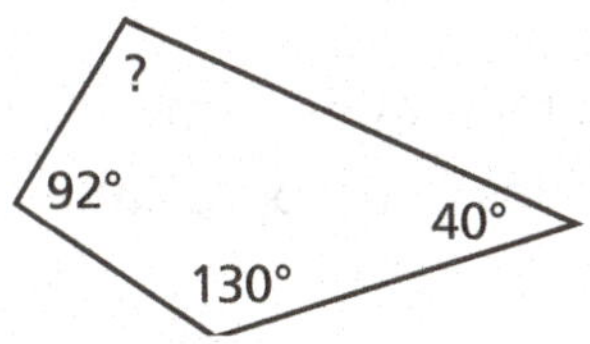

____

❺

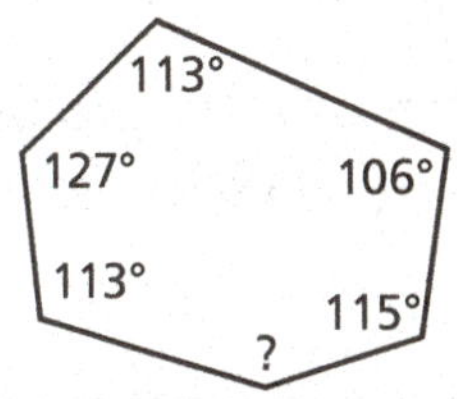

____

Halla el valor de *X*.

❻

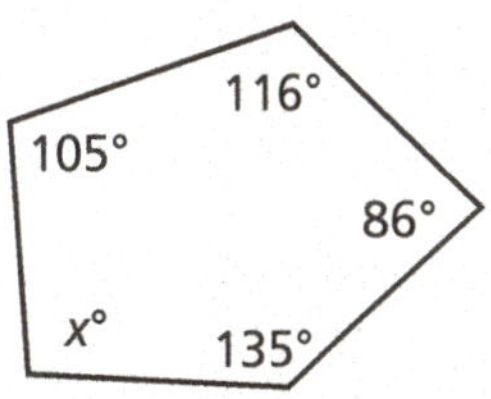

____

❼

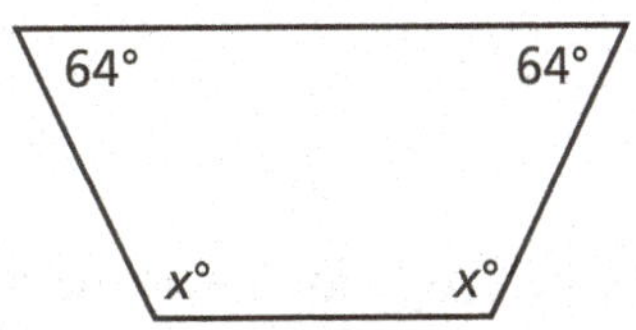

____

❽

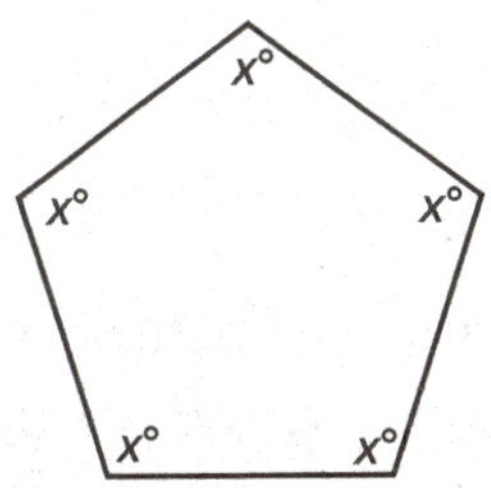

____

Nombre ______________________ Fecha ______________

Resuelve.

Muestra tu trabajo.

1. Una compañía fabrica lámparas de luz LED y las coloca en cartones con capacidad para 24 lámparas. El lunes, la compañía produjo 1,539 lámparas. ¿Cuántos cartones completos pudieron llenar?

____

2. Una braza es igual a seis pies. El lugar más profundo en el océano Atlántico se encuentra en la fosa de Puerto Rico a 28,373 pies de profundidad. ¿A cuántas brazas equivale esa profundidad?

____

3. 273 estudiantes irán a una excursión con la escuela. Irán en autobuses que tienen asientos para 40 estudiantes cada uno. ¿Cuántos autobuses se necesitarán?

____

4. Un contratista compra 630 libras de mezcla de cemento para un trabajo. El cemento viene en 12 bolsas. ¿Cuál es el peso de cada bolsa?

____

Divide. Expresa tu respuesta al centavo más cercano.

5. $18\overline{)\$322}$

6. $37\overline{)\$719}$

7. $51\overline{)\$464}$

8. $81\overline{)\$998}$

9. **Amplía tu razonamiento** Un *polígono regular* tiene todos los lados de la misma longitud y todos los ángulos con la misma medida. Escribe una expresión para la medida de un ángulo interno de un polígono regular con *n* lados. Evalúa la expresión para un octágono regular que tiene 8 lados.

____

Nombre ______________________ Fecha ______________

La gráfica circular muestra las respuestas que 180 estudiantes proporcionaron en una encuesta. Se les preguntó qué comida les gustaba más.

1. ¿Qué comida fue la más popular? ¿Cuál fue la menos popular? Explica.

____

____

____

____

2. ¿Cuántos estudiantes eligieron hamburguesa? __________

3. En la encuesta, 18 estudiantes eligieron pescado. ¿Qué fracción de los estudiantes eligió pescado? __________

4. Un quinto de todos los estudiantes eligió pollo. ¿Cuántos eligieron pollo? __________

5. Si 27 estudiantes eligieron chile, ¿cuántos eligieron pizza? Explica cómo lo sabes.

____

____

6. ¿Qué es verdadero acerca del tamaño de cualquier región de la gráfica circular y el número de estudiantes que eligió cada comida?

____

7. La encuesta se realizó nuevamente a un grupo de 100 estudiantes. En la nueva encuesta, los estudiantes respondieron en las mismas proporciones. ¿Cuántos estudiantes eligieron cada opción de comida?

____

____

____

6-10 Recuerda

Nombre ______________________ Fecha ______________

Halla el área de superficie.

1
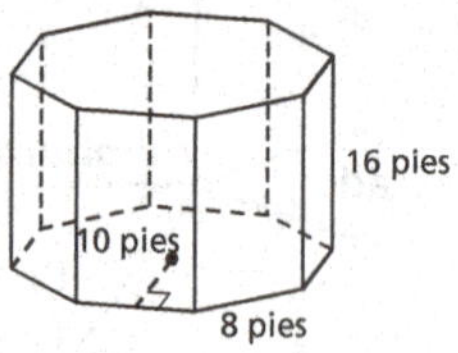

____

2
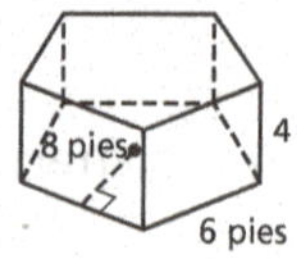

____

3
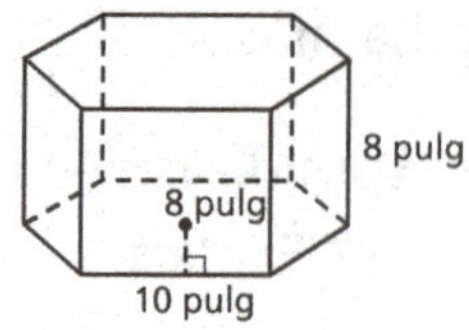

____

4
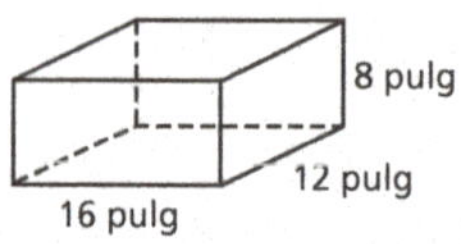

____

5
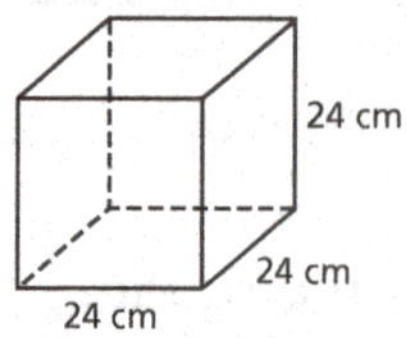

____

6
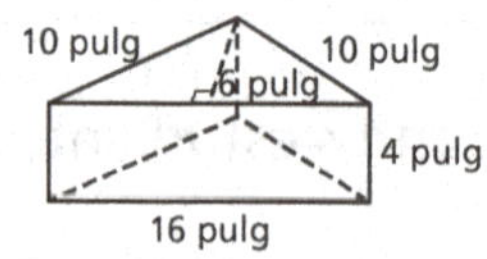

____

Resuelve.

7 La base de una caja de cartón es un cuadrado. Cada arista de la base mide 9 pulgadas. La caja tiene 18 pulgadas de alto. ¿Cuántas pulgadas cuadradas de cartón se necesitan para hacer una caja con una capa de cartón en cada lado?

____

8 La base de un prisma triangular es un triángulo rectángulo. ¿Cuál es el área de superficie del prisma?

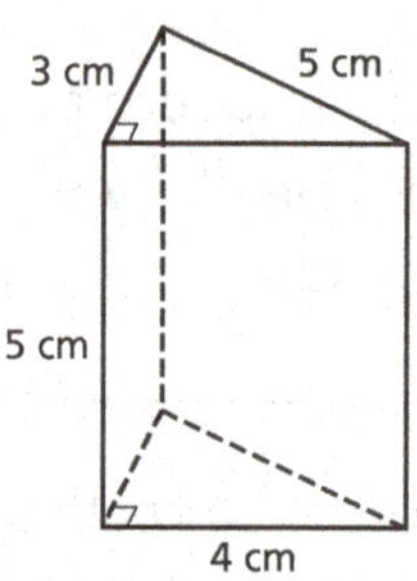

____

9 **Amplía tu razonamiento** La gráfica circular de una encuesta muestra cuántas personas eligen colores diferentes para sus automóviles. Los resultados de la encuesta fueron los siguientes: 104 personas eligieron negro; 156 personas eligieron rojo; 208 personas eligieron blanco y 312 eligieron gris. Elabora una gráfica circular que muestre esos datos.

Nombre ______________________ Fecha ______________

❶ Si el diámetro de un círculo mide 4 pulgadas, ¿cuál es el radio? ________

❷ Si el radio de un círculo mide 7 metros, ¿cuál es el diámetro? ________

❸ Escribe una expresión para el diámetro de un círculo si r = el radio. ________

❹ Escribe una expresión para el radio de un círculo si d = el diámetro. ________

Halla la circunferencia y el área de cada círculo. Usa 3.14 como el valor para π.

❺

$C \approx$ ________________

$A \approx$ ________________

❻
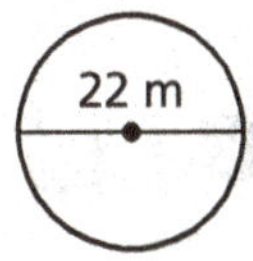

$C \approx$ ________________

$A \approx$ ________________

Halla la circunferencia y el área de cada círculo. Proporciona tus respuestas en términos de π.

❼
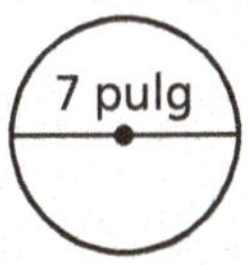

$C =$ ________________

$A =$ ________________

❽
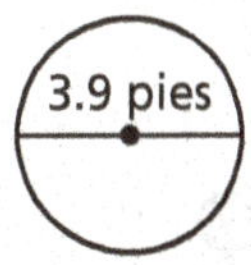

$C =$ ________________

$A =$ ________________

Halla la circunferencia y el área de cada círculo. Usa $\frac{22}{7}$ como el valor para π.

❾
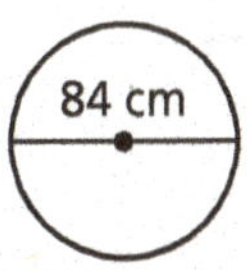

$C \approx$ ________________

$A \approx$ ________________

❿
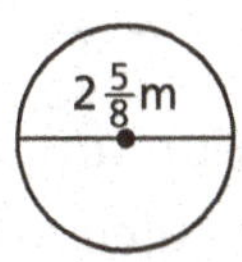

$C \approx$ ________________

$A \approx$ ________________

Nombre ____________________ Fecha ____________

Completa cada afirmación con < o >.

1. 0.4 ◯ 0.05
2. 1.09 ◯ 1.7
3. 0.2200 ◯ 0.2
4. $\frac{1}{8}$ ◯ $\frac{3}{16}$
5. $\frac{3}{4}$ ◯ $\frac{5}{8}$
6. $\frac{7}{20}$ ◯ $\frac{3}{10}$

Suma.

7. $\frac{1}{12} + \frac{3}{24} =$ ________
8. $\frac{3}{4} + \frac{1}{8} =$ ________
9. $\frac{1}{20} + \frac{7}{10} =$ ________
10. $\frac{3}{7} + \frac{5}{14} =$ ________
11. $\frac{1}{2} + \frac{3}{32} =$ ________
12. $\frac{2}{9} + \frac{5}{18} =$ ________

Resta.

13. $\frac{4}{9} - \frac{5}{18} =$ ________
14. $\frac{7}{11} - \frac{3}{22} =$ ________
15. $\frac{1}{2} - \frac{3}{16} =$ ________
16. $\frac{5}{12} - \frac{3}{48} =$ ________
17. $\frac{7}{15} - \frac{7}{30} =$ ________
18. $\frac{5}{8} - \frac{5}{32} =$ ________

Resuelve.

Muestra tu trabajo.

19. Un árbol mide 6.9 metros de alto. Crece junto a otro árbol que mide 8.4 metros. ¿Cuánto más alto es el segundo árbol respecto del primero?

____

20. **Amplía tu razonamiento** Escribe una fórmula para buscar el radio de un círculo si conoces su circunferencia. Luego, escribe una fórmula para buscar el diámetro de un círculo si conoces su circunferencia.

____

Nombre ______________________ Fecha ______________

Coloca una marca de verificación para demostrar si debes buscar la circunferencia o el área de un círculo para resolver el problema. Luego resuelve. Usa 3.14 como el valor para π.

1. Una pista de carreras circular tiene un diámetro de 1.2 millas. ¿Qué distancia recorre un automóvil en una vuelta alrededor de la pista?

   circunferencia ☐ área ☐ ______________________

2. Una sartén tiene un radio de 6 pulgadas. ¿Cuántas pulgadas cuadradas tiene la parte inferior de la sartén?

   circunferencia ☐ área ☐ ______________________

3. Una carpa redonda de circo mide 50 metros de diámetro. ¿Cuántos metros cuadrados tiene el piso de la carpa?

   circunferencia ☐ área ☐ ______________________

Resuelve. *Muestra tu trabajo*

4. El neumático de un automóvil tiene 21 pulgadas de diámetro. ¿Cuántos pies recorre el automóvil si la rueda gira 100 veces? Usa $\frac{22}{7}$ como el valor para π.

   ____

5. Un aro de hula hula tiene un diámetro de 42 pulgadas. ¿Cuál es el área que encierra el aro? Proporciona tu respuesta en términos de π.

   ____

Busca el perímetro y el área de cada figura compleja. Usa 3.14 como el valor para π.

6. 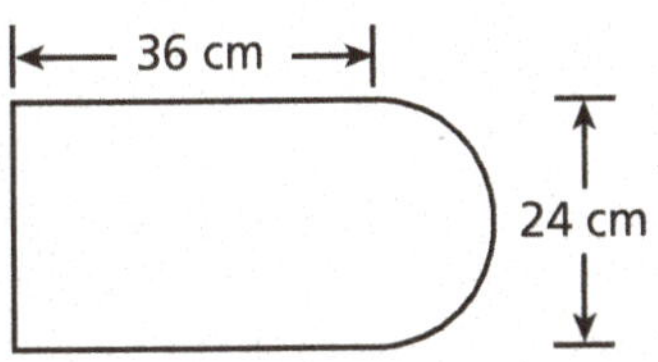

   $P \approx$ ______________

   $A \approx$ ______________

7. 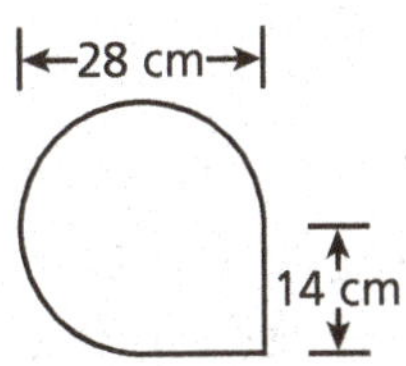

   $P \approx$ ______________

   $A \approx$ ______________

Nombre ______ Fecha ______

1. Encierra las expresiones en un círculo.

$x + 7$ $y = 47$ $8 + m + 3n$ $C = a + b^2$ $\pi = 3.14159...$ $ax^2 + bx$

2. Escribe una expresión que esté compuesta por cuatro términos.

______

3. Escribe una expresión que esté compuesta por dos términos que sean números y cuya suma sea 11.

______

Simplifica cada expresión siguiendo el orden de las operaciones.

4. $36 - 24 \div 6$ ______
5. $9 \cdot (7 - 2)$ ______
6. $8 \cdot 3 + 3 \cdot 8$ ______
7. $5 \cdot (12 + 2) + 6$ ______
8. $(9 + 4) \cdot 24 \div 6$ ______
9. $100 \div (10 \div 2)$ ______
10. $(36 - 24) \div 6$ ______
11. $(6 + 4) \cdot 4 \div 5$ ______

Orden de las operaciones

1 Realiza todas las operaciones dentro de los paréntesis.

2 Multiplica y divide de izquierda a derecha.

3 Suma y resta de izquierda a derecha.

Evalúa cada expresión para $a = 2$ y $b = 8$.

12. $30 - 16 \div a$ ______
13. $7 + 5 \cdot b$ ______

14. **Amplía tu razonamiento** Un círculo tiene un radio r. Si se duplica el radio a $2r$, ¿cuál es el área del nuevo círculo? ¿Cuántas veces más grande es respecto del área del círculo original? Proporciona tu respuesta en términos de π.

______

______

Nombre ______________________ Fecha ____________

Determina si la figura puede ser una plantilla para un cilindro. Escribe lo siguiente: *plantilla* o *no plantilla*.

1 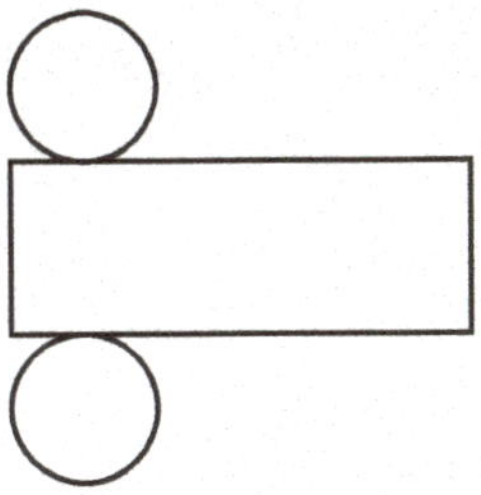

____

2 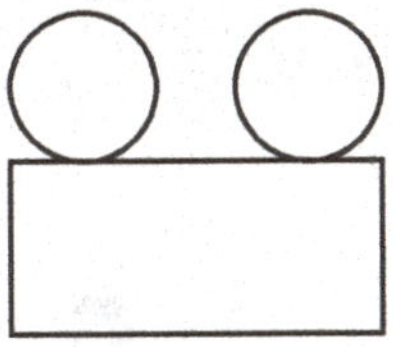

____

3 

____

4 Observa el cilindro a la derecha. El cilindro tiene 6 pulgadas de altura y el diámetro de la base mide 4 pulgadas. Dibuja una plantilla para el cilindro. Rotula el diámetro del círculo, la circunferencia, y la longitud y el ancho del rectángulo. Usa 3.14 como el valor para π.

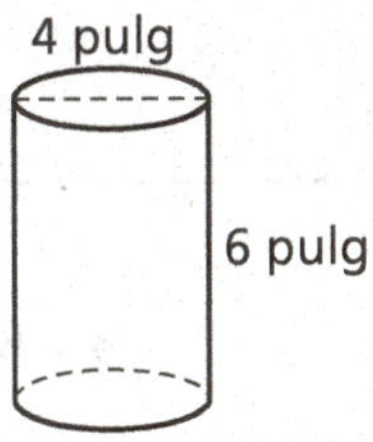

5 En el Ejercicio 4, ¿cómo se relacionan la longitud y el ancho del rectángulo de tu plantilla con la altura y la base del cilindro?

____

____

____

6-13
Recuerda

Nombre ______ Fecha ______

Escribe cada expresión como una multiplicación repetida.

1. 9^5 ______
2. $3^4 \cdot 7^2$ ______
3. y^9 ______
4. $e^2 + f^4$ ______

Usa un exponente para reescribir cada multiplicación repetida.

5. $3 \cdot 3 \cdot 3 \cdot 3 \cdot 3 \cdot 3$ ______
6. $x \cdot x \cdot x \cdot x$ ______
7. $9 \cdot b \cdot b \cdot b \cdot b \cdot b \cdot b$ ______
8. $a \cdot b \cdot b \cdot b$ ______

Simplifica. Sigue el orden de las operaciones.

9. $40 - 3^3$ ______
10. $(4 \cdot 2) \div 2^3$ ______
11. $4^3 + 2^3$ ______
12. $3a^2(a \cdot a)$ ______

13. **Amplía tu razonamiento** Explica cómo dibujar la plantilla de un cilindro con un diámetro de 5 pulgadas y una altura de 8 pulgadas.

______

______

6-14
Haz la tarea

Nombre ______________________ Fecha ____________

Determina si la figura puede ser una plantilla para un cono.
Escribe lo siguiente: *plantilla* o *no plantilla.*

1. 

____

2. 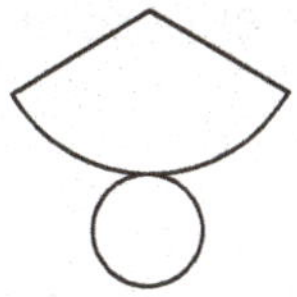

____

3. 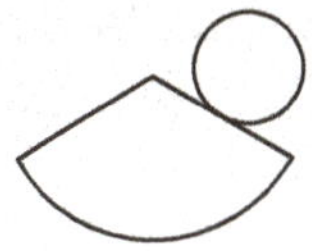

____

Para 4 y 5 usa la plantilla de un cono que se muestra a la derecha.

4. La plantilla está hecha a partir de un círculo y de la mitad de un círculo más grande. ¿Cómo se compara el radio del círculo más grande con el radio del círculo más pequeño? Explica tu respuesta.

____

____

____

5. Si el radio del círculo más grande mide 5 pulgadas, ¿cuál es la circunferencia de la base del cono? Usa 3.14 como el valor para π.

____

Para 6 y 7 usa la plantilla de un cono que se muestra a la derecha.

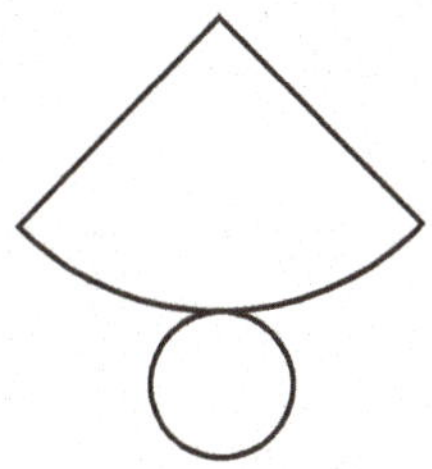

6. La plantilla está hecha a partir de un círculo y de un cuarto de un círculo más grande. ¿Cómo se compara el radio del círculo más grande con el radio del círculo más pequeño? Explica tu respuesta.

____

____

____

7. Si el radio del círculo más grande mide 12 pulgadas, ¿cuál es la circunferencia de la base del cono? Usa 3.14 como el valor para π.

____

Nombre ______________________ Fecha ______________

Resuelve.

Muestra tu trabajo.

1 Una pizza grande de masa gruesa pesa $4\frac{1}{4}$ libras. La pizza grande pesa $1\frac{7}{10}$ más que la pizza pequeña. ¿Cuál es el peso de una pizza pequeña?

____

2 Ocho bolsas, todas del mismo tamaño, contienen 9 kg de harina en total. ¿Cuánta harina hay en cada bolsa?

____

3 Eliza ganó 96 dólares por trabajar $7\frac{1}{2}$ horas un sábado ¿Cuánto gana Eliza por hora?

____

4 Al atardecer, la temperatura era 18.8 °C. Al amanecer de la mañana siguiente, la temperatura era 12.2 °C. ¿Cuántos grados cayó la temperatura durante la noche?

____

Simplifica.

5 $\frac{3}{8} \div \frac{5}{16} =$ ______

6 $\frac{3}{10} - \frac{7}{30} =$ ______

7 $\frac{7}{16} \div \frac{3}{8} =$ ______

8 $7.13 + 1.3 =$ ______

9 $1.08 \div 0.12 =$ ______

10 $7 - 3.14 =$ ______

11 **Amplía tu razonamiento** Si el diámetro de la base de un cono es 3 pulgadas, ¿qué fracción de un círculo con un diámetro de 24 pulgadas podrías usar para formar una plantilla para el cono?

____

7-1
Haz la tarea

Nombre ____________________ Fecha ____________

❶ Completa estas tablas de razones para dos mezclas de pintura.

Púrpura pavo real	
Roja	**Azul**
2	5
	15
14	

Púrpura ciruela	
Roja	**Azul**
7	3
	15
14	

❷ ¿Qué pintura es más roja? ____________________

❸ ¿Qué pintura es menos roja? ____________________

❹ Haz una gráfica con dos puntos de cada tabla. Dibuja e identifica una línea para *Púrpura pavo real* y una línea para *Púrpura ciruela*.

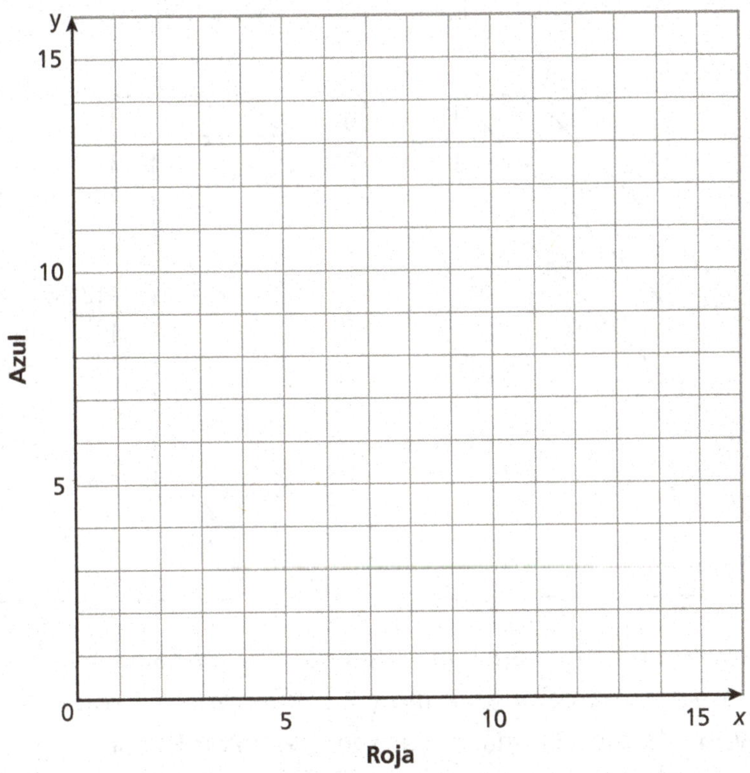

❺ Explica cómo usar las dos rectas en la gráfica y un escantillón para determinar qué pintura es más azul.

____

____

____

Nombre ______________________ Fecha ____________

Resuelve.

1. Elizabeth tarda 15 minutos en caminar 5 cuadras. A esa tasa, ¿cuántos minutos tardará en caminar 30 cuadras?

____

2. Anyola está haciendo una caja con cartón. La caja tiene la forma de una pirámide hexagonal. La longitud de lado de la base hexagonal regular es de 14 pulg y la distancia al centro es de 12 pulg. La altura de una cara triangular es de 20 pulg. ¿Cuánto cartón necesita para hacer la caja?

____

Escribe las fracciones equivalentes. Completa.

3	$\frac{3}{8}$ $\frac{1}{10}$ →	
4	>, <	
5	+	
6	−	
7	•	
8	÷	

Determina el volumen.

9. 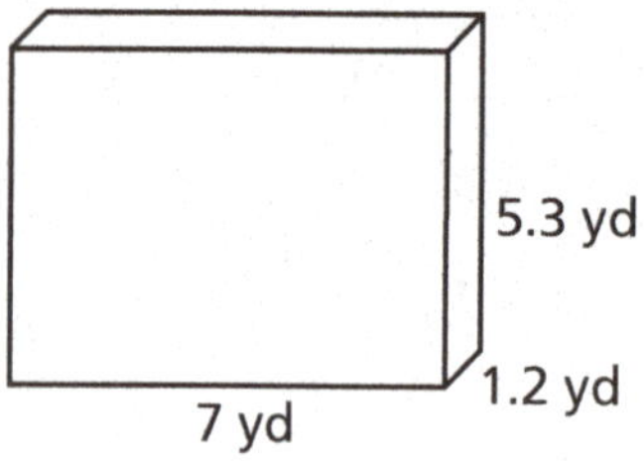

$V =$ ______________

10. 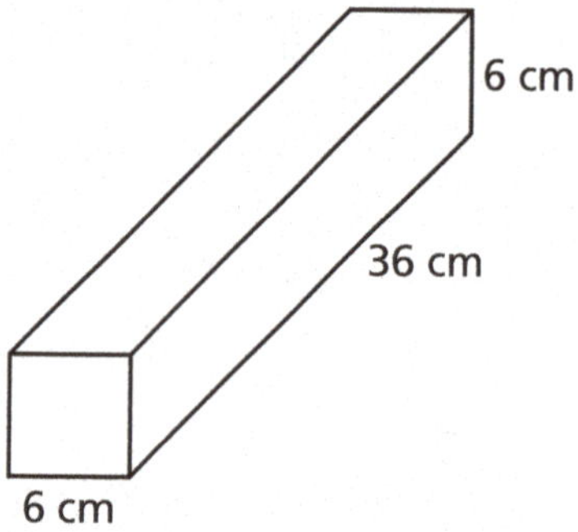

$V =$ ______________

11. 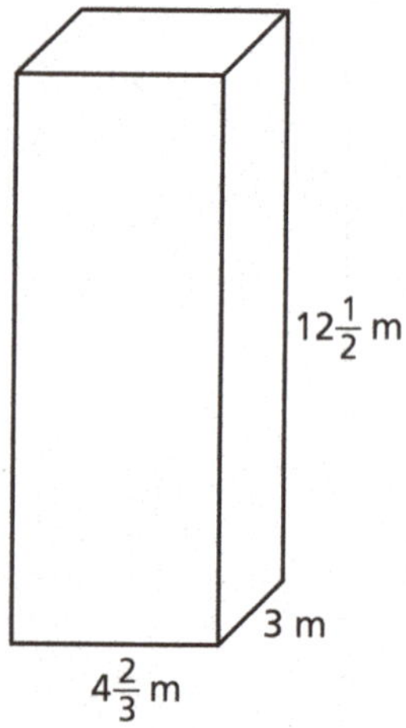

$V =$ ______________

12. **Amplía tu razonamiento** Kevon mezcla pintura roja y amarilla para hacer color naranja. La primera mezcla tiene 5 partes de color amarillo y 2 partes de color rojo. Mientras más rojo le agregue Kevon a la mezcla, más oscuro será el color. Kevon quiere preparar pintura de color naranja que sea más oscura que su primera mezcla. ¿Cuántas partes de rojo deberá mezclar para 10 partes de amarillo? Explica tu respuesta.

____

____

____

7-2
Haz la tarea

Nombre ____________________ Fecha ____________

Resuelve.

1. La receta de la ensalada de verano de la abuela Suzy lleva 2 pepinos por cada 3 tomates. ¿Cuántos tomates habrá en una ensalada con 5 pepinos?

   ____

2. Dieciocho de los panecillos de Susan pesan lo mismo que 15 de los panecillos de Tom. ¿Cuántos panecillos de Susan pesan lo mismo que 7 panecillos de Tom?

   ____

3. La imprenta de Foster Publishers puede imprimir 5 diccionarios en 8 minutos. ¿Cuántos diccionarios puede imprimir en 10 minutos?

   ____

4. Una tortuga caminó 21 metros en 12 minutos. ¿Cuánto tardó en caminar 14 metros si caminó a la misma tasa todo el tiempo?

   ____

7-2
Recuerda

Nombre Fecha

1 Roger tiene un promedio de 3 hits por cada 12 veces que batea. A esta tasa, ¿cuántas veces deberá batear para obtener 12 hits?

____

2 Una caja está $\frac{3}{4}$ llena con pasas. La caja tiene $5\frac{1}{2}$ pulgadas de longitud, $3\frac{1}{2}$ pulgadas de ancho y 7 pulgadas de alto. ¿Cuál es el volumen de las pasas?

____

Completa las tablas de razones para las dos recetas.

3 **Surtido de frutos secos dulces y salados de la abuela**

Sal	Azúcar morena
3	2
15	
	8

4 **Surtido de frutos secos dulces y salados de la tía Em**

Sal	Azúcar morena
4	5
	10
12	

5 ¿Cuál de las recetas es más salada?

____

6 ¿Cuál de las recetas es más dulce?

____

7 Haz una gráfica con dos puntos de cada tabla. Dibuja una recta para cada receta. ¿Cómo te ayudan las rectas a determinar qué surtido de frutos es más dulce?

____

____

____

____

____

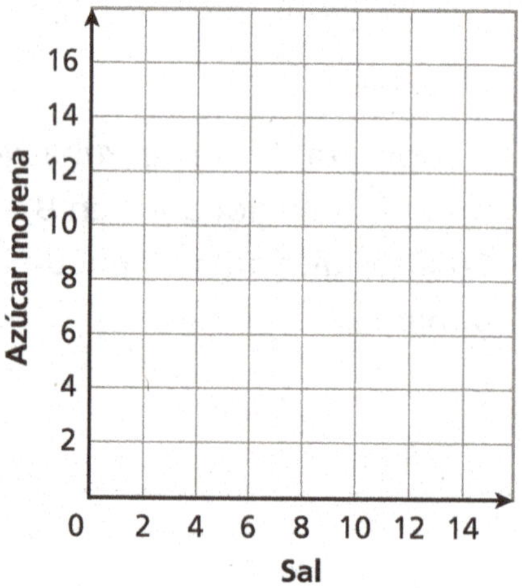

8 **Amplía tu razonamiento** Edney quiere preparar una receta de un surtido de frutos secos que sea más salado que el de la tía Em, pero no tan salado como el de la abuela. ¿Qué razón entre sal y azúcar morena podrá usar Edney? Usa la gráfica arriba. Explica.

____

____

____

Nombre ________________ Fecha ________

❶ Completa la tabla de razones.

Tazas de jugo

Bayas			1	4	6	
Naranja		1		10		40

a. La razón básica para $\frac{\text{bayas}}{\text{naranja}}$ es ______.

b. Hay ______ taza de jugo de bayas por cada taza de jugo de naranjas.

c. La razón básica para $\frac{\text{naranja}}{\text{bayas}}$ es ______.

d. Hay ______ taza de jugo de naranja por cada taza de jugo de bayas.

Resuelve cada proporción.

❷ $\frac{24}{15} = \frac{a}{35}$

$a =$ ______________

❸ $\frac{b}{15} = \frac{8}{20}$

$b =$ ______________

❹ $\frac{4}{9} = \frac{r}{6}$

$r =$ ______________

Resuelve los problemas usando razones en notación de fracciones.

❺ Quince clavos de 2 pulgadas pesan 35 gramos. ¿Cuántos de estos clavos pesan 175 gramos?

____

❻ Cinco yardas de tela para camisas cuestan \$9. ¿Cuánto costarían 12 yardas de la misma tela?

____

Nombre ______________________ Fecha ______________

1 Merril está haciendo una caja con cartulina. Se muestra un diagrama de la caja. Merril llenará la caja con cubos numerados, cada uno de $1\frac{1}{2}$ pulg en una arista. ¿Cuánta cartulina necesita Merril para la caja? ¿Cuántos cubos numerados puede guardar Merril en la caja?

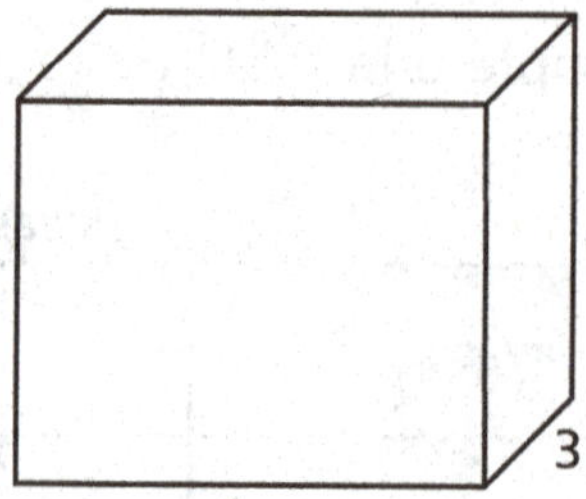

____

Resuelve la ecuación o evalúa la expresión para $b = 4$ y $c = 5$.

2 $\frac{2}{3}g = 45$

$g =$ __________

3 $7(c^2 - b \cdot 3) + 10$

____

4 $b + c \cdot b + b - (b + c)$

____

5 $6 + 2t = 10$

$t =$ __________

6 $\frac{y}{32} = 12$

$y =$ __________

7 $(7 + b)^2 - c \cdot b$

____

Resuelve.

8 En una panadería, un panadero prepara 6 docenas de panecillos de arándanos por cada 5 docenas de panecillos de manzana. Si el panadero prepara 16 docenas de panecillos de arándanos, ¿cuántas docenas de panecillos de manzana preparará?

____

9 Un conejo saltó 11 metros en 6 minutos. A esa tasa, ¿qué tan lejos llegó saltando el conejo en 8 minutos?

____

10 **Amplía tu razonamiento** Jeremy y April están trenzando una alfombra. Jeremy hace 4 trenzas cada 11 minutos. April hace 7 trenzas cada 17 minutos. ¿Quién trenza a una tasa más rápida? Explica.

____

____

____

Nombre Fecha

Resuelve cada proporción. Usa cualquier método.

1. $\frac{7}{4} = \frac{12}{a}$

2. $\frac{10}{15} = \frac{c}{18}$

3. $\frac{9}{r} = \frac{6}{8}$

$a =$ ______ $c =$ ______ $r =$ ______

Resuelve los problemas. Usa cualquier método.

4. Se puede hacer pintura de color amarillo limón mezclando 5 galones de pintura amarilla y 2 galones de pintura blanca. ¿Cuántos galones de pintura amarilla se deberán mezclar con 9 galones de pintura blanca para hacer pintura de color amarillo limón?

______

5. El surtido de frutos secos de Bill tiene 6 tazas de nueces y 10 tazas de arándanos rojos. Usando la misma receta, ¿cuántas tazas de nueces serán necesarias para 15 tazas de arándanos rojos?

______

6. La Sra. Lee usa 9 tazas de agua por cada 2 tazas de arroz. ¿Cuántas tazas de agua se necesitan para 5 tazas de arroz?

______

7. Doris compró 15 yardas de tela por $7. ¿Cuánto costarán 6 yardas de la misma tela?

______

Nombre ______________________ Fecha ______________

1 El Sr. O'Neil está instalando piso de madera para cubrir el área que se muestra. Escribe una expresión que puedas usar para hallar la cantidad de madera que necesita.

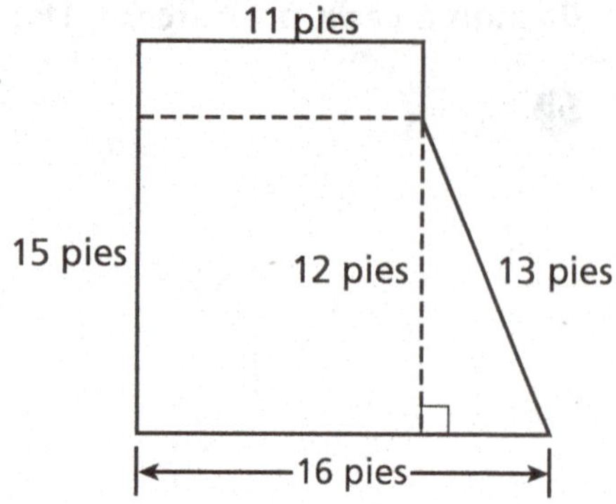

____

____

Halla el valor de *n*.

2 $4.5 \cdot 11 = n$

$n =$ ____________

3 $n = 6.774 \div 12$

$n =$ ____________

4 $n = 56 \cdot 1.2$

$n =$ ____________

5 $\frac{n}{25} = \frac{3}{15}$

$n =$ ____________

6 $\frac{20}{n} = \frac{45}{54}$

$n =$ ____________

7 $\frac{36}{32} = \frac{n}{64}$

$n =$ ____________

Resuelve.

8 Hay 36 pies de cinta en 12 paquetes. ¿Cuántos pies de cinta hay en 21 paquetes?

____

9 Seis cajas de galletas cuestan 18 dólares. A este precio, ¿cuánto costarán 15 cajas?

____

10 **Amplía tu razonamiento** La tabla muestra cuánto gastaron dos amigos para comprar fiambre en diferentes tiendas. Jaime gastó menos por libra que Philip, pero más por libra que Shazad. Si Jaime compró 5 lb de fiambre, ¿cuánto habrá gastado? Explica.

Costo del fiambre	
Philip	2 lb por $5
Shazad	4 lb por $9

____

____

____

____

____

____

Nombre ______________________________ Fecha ______________

Para preparar pintura verde fluorescente, se mezcla pintura azul y amarilla a una razón de 3 a 4.

Dibuja diagramas de cinta para poder resolver estos problemas.

Muestra tu trabajo.

1. ¿Cuánta pintura amarilla tiene que mezclar una tienda con 15 litros de pintura azul para preparar pintura verde fluorescente?

____

2. ¿Cuánta pintura azul y pintura amarilla tiene que mezclar una tienda para preparar 98 galones de pintura verde fluorescente?

____

____

3. ¿Cuánta pintura azul tiene que mezclar una tienda con 17 cuartos de galón de pintura amarilla para preparar pintura verde fluorescente?

____

4. ¿Cuánta pintura azul y amarilla tiene que mezclar una tienda para preparar 50 galones de pintura verde fluorescente?

____

____

7-5 Recuerda

Nombre ______________________ Fecha ____________

1. Centra compró un vestido y tres camisas. El vestido costó $24.50. Las camisas costaron $11.50 cada una. ¿Cuánto gastó Centra?

____

Usa la propiedad distributiva para simplificar cada expresión.

2. $6(m + 7 + t) + 6m - 2t$

3. $x(x + 23) - 10x + 3x^2$

4. $10 + 5(a + b) - 5a$

5. $7st + 4t(s + t + 4) - 9t$

6. $4 \cdot 3s + 7 \cdot 2s$

7. $15 + 7r + r(r - 3) - r^2$

Resuelve.

8. La receta de Gerri lleva 8 zanahorias por cada 5 porciones. ¿Cuántas zanahorias necesita para 15 porciones?

9. El elenco de la obra de teatro hace 275 programas para 5 funciones. ¿Cuántos programas necesitarán para 13 funciones?

10. Marisa necesita 8 galones de limonada por cada 60 invitados que vienen a su fiesta. Si invita a 25 personas, ¿cuántos galones de limonada necesita?

11. Ned puede comprar 12 cajas de jugo por $4.80. A ese precio, ¿cuántas cajas de jugo puede comprar por $24?

12. **Amplía tu razonamiento** Juju está preparando ponche para un pícnic. Usa 0.75 litros de jugo de manzana y 1.2 litros de jugo de uva. Por error, agrega 0.3 litros adicionales de jugo de manzana al recipiente del ponche antes de poner el jugo de uvas. ¿Cuántos litros de jugo de uvas deberá agregar al recipiente de modo que los ingredientes conserven la razón original? Explica.

7-6
Haz la tarea

Nombre ______________________ Fecha ______________

Edmundo preparó un condimento para ensalada mezclando mayonesa y kétchup a una razón de 2 a 3.

1. Dibuja un diagrama de cinta para la mezcla.

Para los ejercicios 2 a 6, completa las oraciones para describir la mezcla de Edmundo.

2. Hay _____ partes de kétchup en _____ partes de la mezcla.
3. La mayonesa y el kétchup se mezclan a una razón de _____ a _____ o _____ : _____.
4. La cantidad de kétchup es _____ veces la cantidad de mayonesa.
5. La cantidad de mayonesa es _____ veces la cantidad de kétchup.
6. La cantidad de la mezcla es _____ veces la cantidad de kétchup.
7. Haz que K sea la cantidad de mililitros de kétchup.
   Haz que M sea la cantidad de mililitros de mayonesa.
   Escribe dos ecuaciones relacionando K y M.

   ____

Lee preparó un condimento para ensalada mezclando aceite y vinagre a una razón de 7 a 2.

8. Dibuja un diagrama de cinta para la mezcla.

Para los ejercicios 9 a 13, completa las oraciones para describir la mezcla de Lee.

9. Hay _____ partes de aceite en _____ partes de la mezcla.
10. El aceite y el vinagre se mezclan a una razón de _____ a _____ o _____ : _____.
11. La cantidad de aceite es _____ veces la cantidad de vinagre.
12. La cantidad de vinagre es _____ veces la cantidad de aceite.
13. La cantidad de la mezcla es _____ veces la cantidad de aceite.
14. Haz que L sea la cantidad de mililitros de aceite.
    Haz que V sea la cantidad de mililitros de vinagre.
    Escribe dos ecuaciones relacionando L y V.

    ____

Nombre ______________________ Fecha ______________

Escribe cada expresión como una expresión algebraica.

1. la suma de 5 y *u*

____

2. Divide 7 más que *t* entre 3.

____

3. Resta $\frac{2}{5}$ del producto de 4 y *s*.

____

4. Divide $\frac{2}{3}$ entre *y*.

____

Para preparar un batido de banana y bayas, Just Juice mezcla agua y jugo a una razón de 5 a 3. Dibuja diagramas de cinta para poder resolver estos problemas.

5. ¿Cuánta agua y jugo deberá mezclar Just Juice para preparar 104 cuartos de galón de licuados de banana y bayas?

____

____

6. ¿Cuánta agua deberá mezclar Just Juice con 23 galones de jugo para preparar licuados de banana y bayas?

____

7. **Amplía tu razonamiento** Para preparar pintura de color naranja cítrico, una tienda de pinturas mezcla pintura de color amarillo, blanco y rojo a una razón de 5 a 3 a 1. ¿Cuántos galones de pintura de color amarillo, blanco y rojo necesita la tienda para preparar 135 galones de pintura naranja cítrico?

____

____

____

Nombre ______________________ Fecha ______________

Resuelve. Usa diferentes métodos, incluidas tablas, rompecabezas de factores, multiplicación cruzada y diagramas de cinta. ¡Halla el problema que ninguno de estos puede resolver!

Muestra tu trabajo.

1. Una caja de detergente cuesta $12 y se puede utilizar para 50 cargas de lavado. ¿Cuánto cuesta el jabón para la ropa para 7 cargas de lavado?

    ____

2. El Sr. Parker mezclará anticongelante y agua a razón de 2 a 1. Necesita 27 cuartos de galón de la mezcla de anticongelante y agua para llenar el radiador de su automóvil. ¿Cuánto anticongelante y cuánta agua deberá mezclar el Sr. Parker?

    Anticongelante: ____________ Agua: ____________

3. Marta y Nicole corren vueltas alrededor de la pista de atletismo. Corren a la misma velocidad constante, pero Marta empieza primero. Cuando Marta corrió 5 vueltas, Nicole corrió 3 vueltas. ¿Cuántas vueltas habrá corrido Nicole cuando Marta haya corrido 8 vueltas?

    ____

4. Pokey el caracol recorre 25 centímetros cada 2 minutos. ¿Cuánto tardará Pokey en recorrer 60 centímetros?

    ____

5. Si una bolsa de naranjas de 3 libras cuesta $5, ¿cuántas libras de naranjas deberías poder comprar por $12?

    ____

6. En una fábrica de perfumes, los diseñadores de fragancias están preparando el perfume Green Blossom mezclando fragancia de brote de césped con $\frac{3}{4}$ veces más de fragancia de manzano en flor. ¿Cuánto de la fragancia de brote de césped y manzano en flor deberán mezclar para preparar 1 litro del perfume Green Blossom?

    Brote de césped: ____________ Manzano en flor: ____________

7-7 Recuerda

Nombre ______________________________ Fecha ______________

1. Marilou está haciendo un *collage* con un molde de trapecio. El área de su figura es de 27.3 $pulg^2$. La longitud de una base es de 7 pulg y la altura es de 6 pulg. ¿Cuál es la longitud de la otra base?

____

2. Un florero tiene la forma de un prisma rectangular. La base del florero es de 11 pulg por 8 pulg. El florero está lleno a $\frac{2}{3}$ de su capacidad. Hay 704 $pulg^3$ de agua en el florero. ¿Cuál es la altura del florero?

____

Nathan mezcla 5 partes de agua con 2 partes de alimento líquido para plantas.

3. Dibuja un diagrama de cinta para la mezcla.

4. ¿Cuál es la razón de agua a alimento? ¿y de alimento a agua?

agua a alimento: ______________

alimento a agua: ______________

5. ¿Cuántas veces la cantidad de agua es la cantidad de alimento?

____

6. ¿Cuántas veces la cantidad de alimento es la cantidad de agua?

____

7. Sea *a* la cantidad de tazas de agua. Sea *p* la cantidad alimento para plantas. Escribe dos ecuaciones relacionando *a* y *p*.

______________ ______________

8. **Amplía tu razonamiento** Millie y Leo dibujaron prismas rectangulares. La razón del volumen del prisma de Millie al volumen del prisma de Leo es 5:4. Si las dimensiones del prisma de Millie son 3 pulg, 6 pulg y 10 pulg, ¿cuáles podrían ser las dimensiones del prisma de Leo? Explica.

____

____

____

____

Nombre ______________________ **Fecha** ______________

1 Escribe cada porcentaje como una fracción con denominador 100 como decimal. Después, coloca los porcentajes y decimales en las rectas numéricas.

Porcentaje	42%	71%	80%	8%	88%	108%
Fracción						
Decimal						

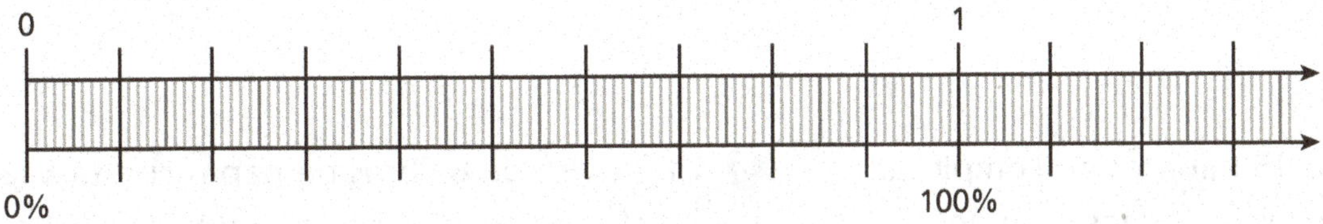

¿Qué porcentaje de la figura está sombreado?

2 ______________________

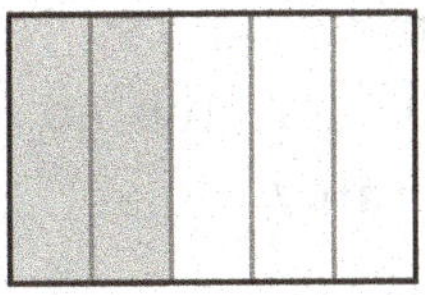

3 ______________________

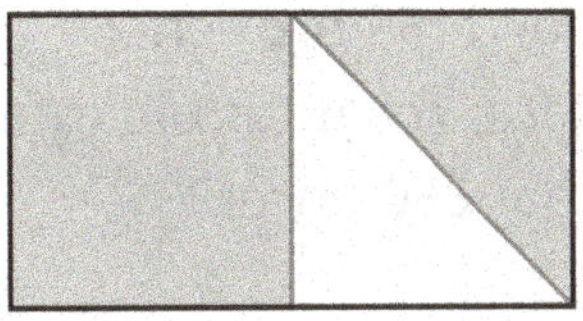

4 ______________________

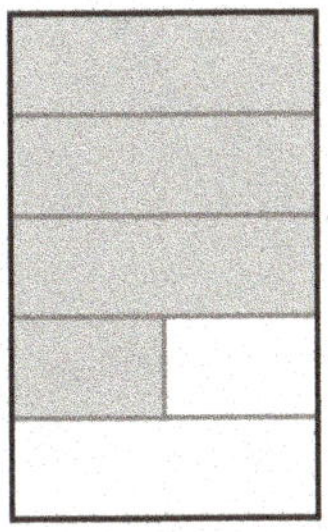

5 ______________________

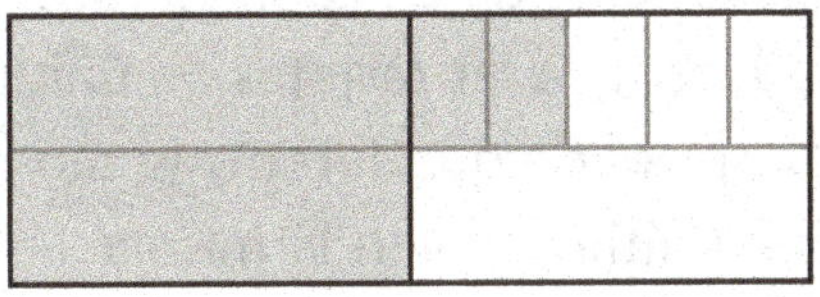

6 ______________________

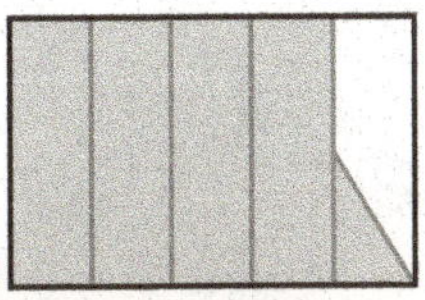

7 ______________________

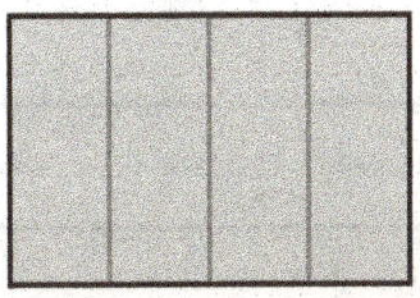

Nombre ______________________ Fecha ______________

1. Bonnie corre $1\frac{2}{3}$ veces más rápido que John por día. Si Bonnie corre 5 millas el lunes, $3\frac{1}{2}$ millas el martes y $5\frac{3}{4}$ millas el miércoles, ¿cuántas millas corrió John en esos tres días?

____

Resuelve cada ecuación.

2. $7y = 34$

$y =$ ______________

3. $\frac{j}{15} = 20$

$j =$ ______________

4. $\frac{5}{6}k = \frac{4}{7}$

$k =$ ______________

Resuelve.

5. Joanna tarda 15 minutos en completar 4 rompecabezas. A esa tasa, ¿cuántos rompecabezas puede completar en 1 hora y 45 minutos?

____

6. Una bolsa de 8 libras de papas cuesta $18. A este precio, ¿cuánto costarán 15 libras de papas?

____

7. Sarah puede guardar 115 libros en 2 bibliotecas. A esa tasa, ¿cuántas bibliotecas necesita para guardar 360 libros?

____

8. En una convención de matemáticas, Nora vendió 13 reglas a $110.50. Al mismo precio, ¿cuánto le costarán 7 reglas?

____

9. **Amplía tu razonamiento** Jeremy y Caitlin coleccionan tarjetas de béisbol. La razón de las tarjetas de Jeremy a las tarjetas de Caitlin era de 9 a 3. Después de que Jeremy le dio 12 tarjetas a Caitlin, tenían la misma cantidad de tarjetas. ¿Cuántas tarjetas tenían Caitlin y Jeremy al principio? Explica.

____

____

____

____

____

Nombre ______________________ Fecha ______________

Los 400 perros en un refugio están en 100 grupos de 4.

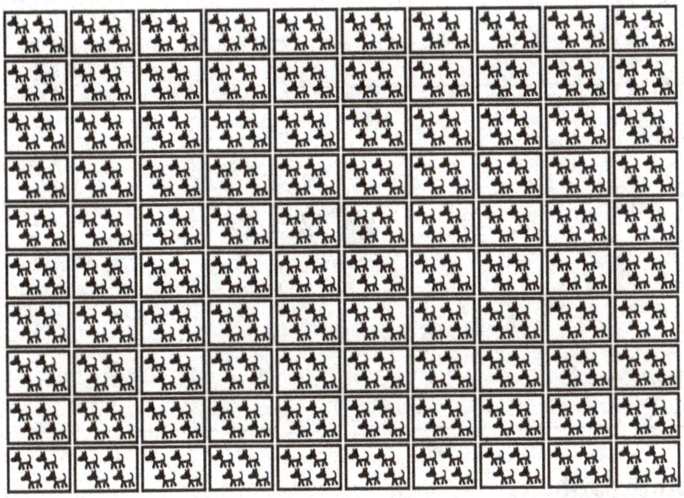

1. Colorea el 7% de los perros. ¿Cuántos perros son?

____

2. Colorea el 65% de los perros con un color diferente. ¿Cuántos perros son?

____

3. ¿Cuánto es el 98% de 700 gatos? Resuelve esto de dos formas.

____

4. ¿Cuánto es el 22% de 500 aves? Resuelve esto de dos formas.

____

7-9 Recuerda

Nombre ______________________ Fecha ______________

❶ Gabby vendió 24 brazaletes por \$126. ¿Cuánto costarían 35 brazaletes?

____

Resuelve cada proporción.

❷ $\frac{8}{10} = \frac{16}{y}$

$y =$ ______________

❸ $\frac{6}{7} = \frac{4}{y}$

$y =$ ______________

❹ $\frac{12}{y} = \frac{19}{4}$

$y =$ ______________

Indica qué porcentaje de la figura está sombreado. Después, escribe el porcentaje como fracción con denominador 100 y como decimal.

❺

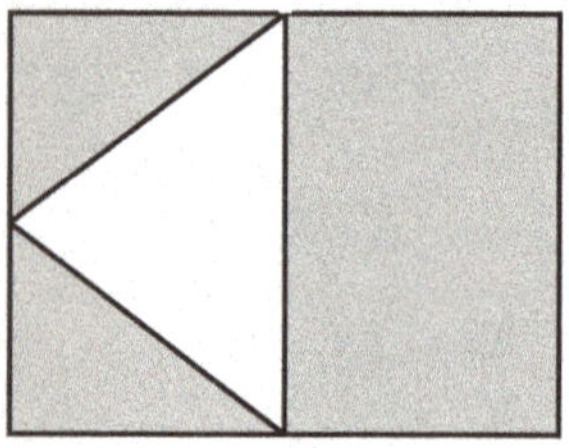

Porcentaje: ______________

Fracción: ______________

Decimal: ______________

❻

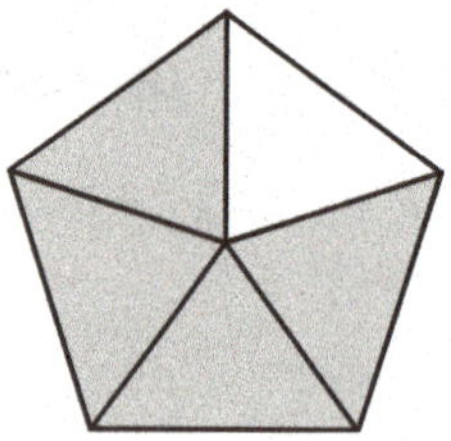

Porcentaje: ______________

Fracción: ______________

Decimal: ______________

❼

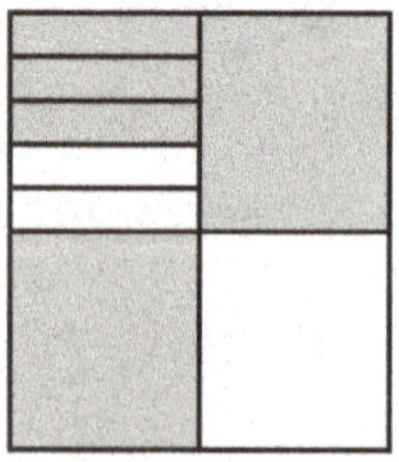

Porcentaje: ______________

Fracción: ______________

Decimal: ______________

❽

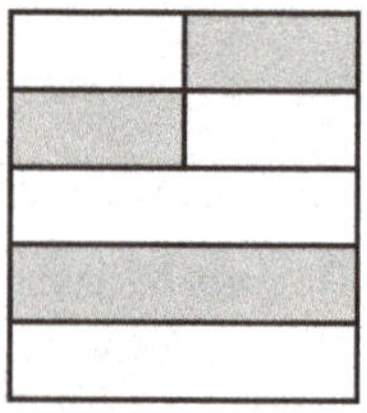

Porcentaje: ______________

Fracción: ______________

Decimal: ______________

❾ **Amplía tu razonamiento** Vanessa sombreó el 55% de su imagen de color rojo. ¿Sombreó más o menos $\frac{2}{5}$ de la imagen? Explica.

____

____

7-10
Haz la tarea

Nombre ______________________ **Fecha** ______________

Resuelve de dos formas.

Muestra tu trabajo.

1. El Sr. Wallace se tomó 600 mg de un medicamento. Esto era el 75% de la dosis completa. ¿Cuál es la dosis completa?

____

2. Una dosis completa de otro medicamento es 600 mg. La Sra. Mehta se tomó 75% de una dosis completa. ¿Cuánto medicamento se tomó?

____

3. Daniel leyó 180 páginas. Esto es el 80% de todo el libro. ¿Cuántas páginas tiene el libro?

____

4. El libro de Lauren tiene 180 páginas. Ha leído el 80% de su libro. ¿Cuántas páginas ha leído?

____

5. ¿Cuánto es el 20% de 90?

____

6. ¿De qué número es 90 el 20%?

____

7. ¿De qué número es 150 el 60%?

____

8. ¿Cuánto es el 60% de 150?

____

Nombre ______ Fecha ______

1. En un canal de televisión, hay 4 comerciales durante cada período de 30 minutos. ¿Cuántos minutos de televisión debes ver para haber visto más de 10 comerciales?

______

2. El ancho de una caja de un surtido de frutos secos es $\frac{1}{2}$ de su altura. La altura es de $2\frac{1}{2}$ pulg más que su longitud. Si la longitud de la caja es de 8 pulg, ¿cuánto surtido de frutos secos puede contener la caja?

______

Escribe cada enunciado como una desigualdad. Luego, proporciona tres soluciones para la desigualdad.

3. 3 veces 7 es menor que o igual a x.

______

______

4. 16 es mayor que $u + 2$.

______

______

5. h es mayor que 4 menos que 6.

______

______

6. p dividido entre 3 es mayor que o igual a 12.

______

______

Resuelve.

7. ¿Cuánto es el 55% de 300 árboles?

______

8. ¿Cuánto es el 30% de 800 niños?

______

9. ¿Cuánto es el 63% de 500 actores?

______

10. ¿Cuánto es el 88% de 600 camisas?

______

11. **Amplía tu razonamiento** El libro de Alice tiene 200 páginas. Leyó el 75% de las páginas en su libro. Nina leyó el mismo número de páginas pero apenas el 50% de las páginas de su libro. ¿Cuántas páginas tiene el libro de Nina? Explica.

______

______

Nombre ______________________ Fecha ______________

Resuelve.

Muestra tu trabajo.

1. Si 560 mg es el 80% de una dosis de medicamento, ¿cuánto es la dosis completa?

____

2. Si una dosis completa de medicamento es 560 mg, ¿cuánto es el 80% de una dosis?

____

3. Un paciente debió tomar 560 mg de medicamento pero se tomó apenas 420 mg. ¿Qué porcentaje del medicamento se tomó el paciente?

____

4. Si el impuesto sobre las ventas es del 7%, ¿cuánto pagarás de impuesto por un CD que cuesta $15?

____

5. En Smallville, 2,400 de 20,000 trabajadores están desempleados. En Bigtown, 6,750 de 75,000 trabajadores están desempleados. ¿Qué ciudad tiene el mayor problema de desempleo? ¿Por qué?

____

____

6. Cuatro de cada 5 dentistas recomiendan la pasta de dientes Sparkle. ¿Qué porcentaje de los dentistas recomienda la pasta de dientes Sparkle?

____

7. El requerimiento diario recomendado de colesterol es de 300 mg. ¿Cuánto es el 80% del requerimiento diario recomendado de colesterol?

____

Nombre ____________________ Fecha ____________

1. Jeff tarda 14 minutos en conducir $10\frac{1}{2}$ millas con su automóvil. A esta tasa, ¿cuántos minutos tardará en conducir 23 millas?

____

Resuelve.

2. 56.3 − 19.34

______

3. 116 ÷ 29

______

4. 34.95 ÷ 1.5

______

5. $\frac{1}{2} \div 1\frac{2}{3}$

______

6. $3\frac{4}{5} + 2\frac{1}{3}$

______

7. $4\frac{5}{7} \div 2\frac{3}{4}$

______

Resuelve.

8. ¿Cuánto es el 56% de 500 páginas?

____

9. ¿De qué número es 256 el 40%?

____

10. Joy bebió 48 onzas de agua. Esto era el 80% de la cantidad total de agua que había en la jarra. ¿Cuánta agua había en la jarra?

____

11. Indi compró una camisa por $30. Pagó un 7% de impuesto sobre las ventas. ¿Cuánto pagó Indi de impuesto sobre las ventas?

____

12. **Amplía tu razonamiento** Jonah hizo una encuesta. De los estudiantes que encuestó, el 40% juega béisbol. De esos estudiantes, el 60% también juega fútbol. Si 12 estudiantes juegan fútbol y béisbol, ¿ a cuántos estudiantes encuestó Jonah? Explica.

____

____

____

____

Nombre ______________________ Fecha ______________

1. Escribe dos tasas unitarias relacionando metros (m) y kilómetros (km).

____

2. Convierte 525 m a km utilizando cualquier método.

525 m = _______________ km

3. Convierte 4.3 km a m utilizando cualquier método.

4.3 km = _______________ m

4. Hay 5,280 pies en 1 milla. Escribe dos tasas unitarias relacionando pies y millas (mi).

____

5. Convierte 26,400 pies a millas.

26,400 pies = _______________ mi

6. Convierte $\frac{3}{4}$ de milla a pies.

$\frac{3}{4}$ de mi = _______________ pies

Resuelve.

7. Calcula el área de un triángulo rectángulo con una longitud de base de 30 pulgadas y una altura de 3 pies.

____

8. Un carro mide 50 cm de alto. El carro tiene tres cajas apiladas, cada una de 40 cm de alto. ¿Pasarán el carro y las cajas por una puerta de 2 m de alto? Explica.

____

____

9. La cancha de fútbol mide 300 pies de largo y 150 pies de ancho. El entrenador les pidió a las jugadoras que corrieran alrededor del perímetro de la cancha 20 veces durante la práctica. Una jugadora comentó que seguramente corrieron al menos 5 millas. ¿Está en lo correcto? Explica.

____

____

____

7-12 Recuerda

Nombre ______________________ Fecha ______________

1. Una bolsa de frutos deshidratados tiene 6 partes de arándanos rojos deshidratados y 7 partes de albaricoques deshidratados. ¿Cuántas onzas de cada fruta habrá en una bolsa de 117 onzas?

____

2. La siguiente ecuación muestra el costo de los marcadores. En la ecuación, *m* es la cantidad de marcadores comprados y *c* es el costo de los marcadores en dólares. Completa la tabla.

$c = 0.75m$

Número de marcadores (*m*)	Costo en dólares (*c*)
1	
2	
3	
4	

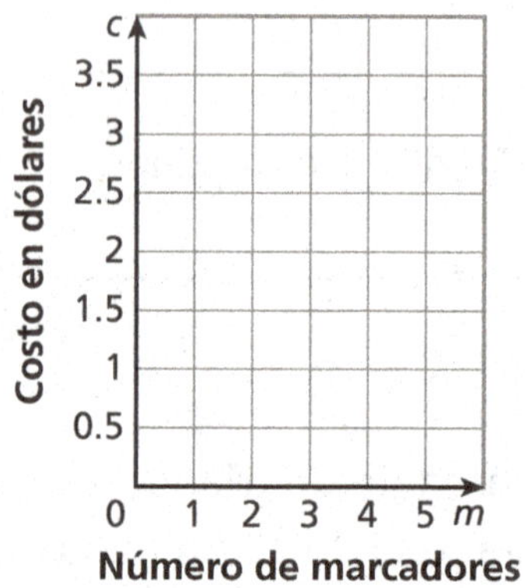

3. Dibuja los puntos de la tabla. Si tiene sentido hacerlo, conecta los puntos.

4. En la clase de Jill, hay 25 estudiantes y 14 de ellos están en la obra de teatro. En la clase de Hiro hay 32 estudiantes y 24 de ellos están en la obra de teatro. ¿Qué clase tiene el mayor porcentaje de estudiantes en la obra?

____

5. **Amplía tu razonamiento** Vinny suma 136 + 17 y decide que el 34 % de 453 es mayor que 153. Explica el razonamiento de Vinny.

____

____

____

Nombre ______ Fecha ______

Resuelve.

Muestra tu trabajo.

1. El tanque de gasolina de una motocicleta puede contener 8.4 L de gasolina. ¿Cuántos mililitros son?

______

2. En una carrera participarán 7,500 corredores. Los organizadores de la carrera quieren tener 500 mL de agua disponible para cada corredor. ¿Cuántos litros de agua necesitarán?

______

3. Samantha tiene una pecera de 15 galones. La está llenando con un recipiente de 1 cuarto de galón.

   a. ¿Cuántas veces tendrá que llenar el recipiente para llenar totalmente la pecera?

   ______

   b. Si Samantha usa un recipiente de 1 pinta en vez de un recipiente de 1 cuarto de galón, ¿cuántas veces tendrá que llenarlo?

   ______

4. Durante esta temporada de carreras, Mario corrió cinco carreras de 1,500 metros y tres carreras de 3,000 metros. ¿Cuántos kilómetros corrió en estas ocho carreras en total?

______

5. Un cachorro pesa 6 libras. Si aumenta 12 onzas de peso por semana durante las próximas 9 semanas, ¿cuánto pesará dentro de 9 semanas?

______

6. Una maestra de cerámica compró 80 kg de arcilla y la dividió en partes iguales entre sus 25 estudiantes. ¿Cuántos gramos de arcilla recibió cada estudiante?

______

7-13
Recuerda

Nombre ______________________ Fecha ______________

1. Para preparar pintura verde manzana, Judith combina 5 partes de pintura amarilla con 2 partes de pintura azul. ¿Cuántos galones de pintura azul necesita Judith para preparar 17 galones de pintura verde manzana?

____

Escribe tres soluciones para cada desigualdad.

2. $8 \cdot v < 72$

____

3. $6 + h > 25$

____

4. $24 \leq \frac{g}{8}$

____

5. $31 \leq k - 31$

____

Resuelve.

6. Stuban usa 5 tazas de nueces por cada 4 tazas de fruta en su surtido. Geraldine usa 8 tazas de nueces por cada 5 tazas de fruta. ¿Qué surtido tendrá más nueces?

____

7. Pam lee 135 páginas de un libro esta semana. Si este es el 45% del número de páginas que normalmente lee en una semana, ¿cuántas páginas lee Pam generalmente en una semana?

____

8. Barry compra una alfombra que mide 35 pulgadas por 4 pies. ¿Cuál es el área de la alfombra? Escribe la respuesta en pulgadas cuadradas y en pies cuadrados. Luego, explica tu respuesta.

____

9. Paul está apilando cajas contra una pared que tiene 3.5 metros de alto. Tiene dos cajas, una de 170 centímetros de alto y una de 134 centímetros de alto. ¿Podrá Paul apilar las cajas una encima de la otra? Explica.

____

10. **Amplía tu razonamiento** ¿Cuántas pulgadas cúbicas hay en 1 pie cúbico? Explica.

____

Nombre _______________ Fecha _______________

La gráfica de barras y la gráfica circular muestran datos sobre los sándwiches que se vendieron en Sandwich Stop el sábado pasado.

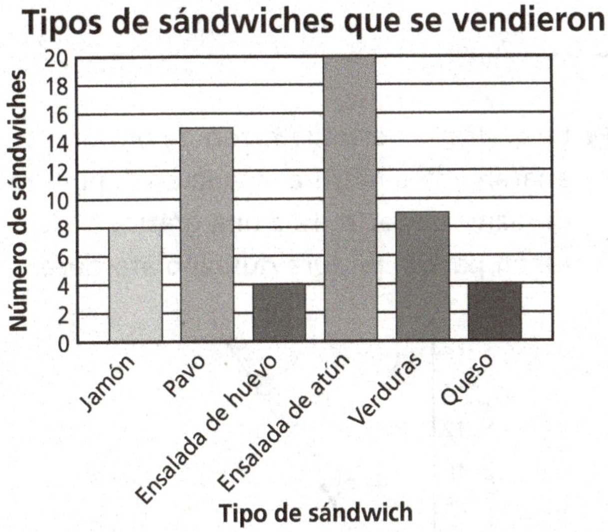

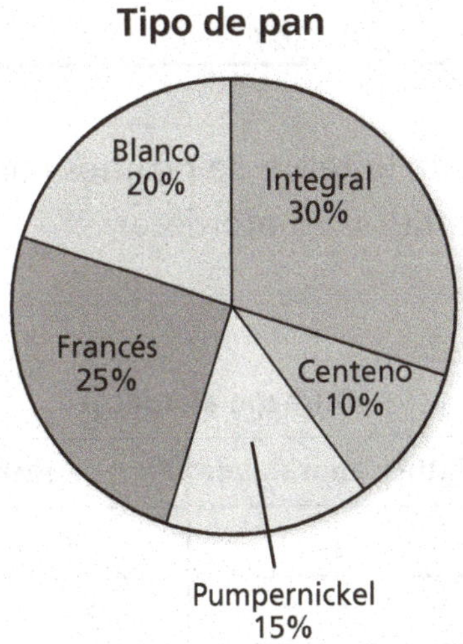

Resuelve. Escribe si usaste la gráfica de barras, la gráfica circular o ambas.

1. ¿Qué porcentaje de los sándwiches fueron de pavo?

_______________ _______________

2. ¿Era más o menos que $\frac{1}{4}$ de los sándwiches vendidos los que estaban hechos con pan integral?

_______________ _______________

3. ¿Cuántos sándwiches se prepararon con pan integral?

_______________ _______________

4. ¿Cuántos sándwiches se prepararon con pan francés?

_______________ _______________

5. ¿Cuál fue la razón de sándwiches de ensalada de huevo a sándwiches de ensalada de atún?

_______________ _______________

6. ¿Representan los sándwiches de ensalada de atún vendidos más o menos del 25% de los sándwiches vendidos?

_______________ _______________

Nombre ____________________ Fecha ____________

1. Una luz parpadea 18 veces en 4 minutos. A esa tasa, ¿cuántas veces parpadeará en 6 minutos?

____

2. Completa la tabla de razones para la pintura durazno atardecer.

Durazno atardecer

Pintura anaranjada	Pintura rosada
3	4
6	
9	

3. La gráfica muestra la razón de pintura anaranjada a pintura rosada en la pintura durazno perfecto. Haz una gráfica de la razón para la pintura durazno atardecer.

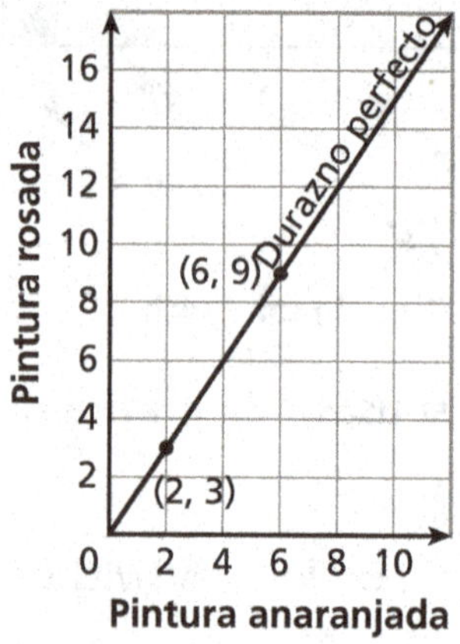

4. Explica cómo usar la gráfica para decidir qué pintura es más rosada.

____

____

____

Resuelve.

5. Yolanda vierte una pinta de jugo en cada botella. ¿Cuántos cuartos de galón de jugo necesita Yolanda para llenar 90 botellas?

____

6. La Sra. Houston coloca 5 onzas de un surtido de bocadillos en cada bolsa. ¿Cuántas libras de surtido de bocadillos necesita para llenar 32 bolsas?

____

7. **Amplía tu razonamiento** Una persona promedio puede beber 182.5 galones de agua al año. ¿Cuántas tazas de agua son? Usa la tabla como ayuda.

____

1 pinta = 2 tazas
1 cuarto de galón = 2 pintas
1 galón = 4 cuartos de galón

8-1
Haz la tarea

Nombre ______________________ **Fecha** __________

Las tablas muestran a 14 estudiantes y la cantidad de hermanos que tiene cada uno. Un hermano puede ser hermano o hermana.

Estudiante	Cantidad de hermanos
Maria	2
Gabe	0
Kwan	1
Tyrese	1
Jose	2
Sierra	3
Colton	1

Estudiante	Cantidad de hermanos
Daisha	3
Juan	2
Yuriko	0
Ariana	4
Jiao	2
Hannah	1
Santiago	3

El siguiente diagrama de puntos muestra los datos de los hermanos de las tablas que están más arriba. Usa el diagrama de puntos para los Ejercicios 1 a 3.

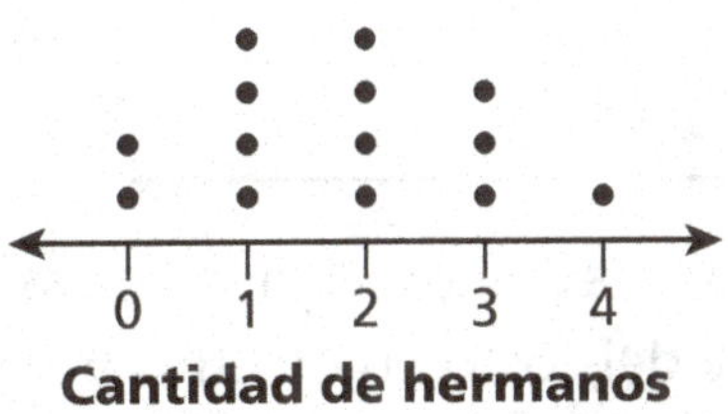

1. ¿Qué representa cada punto en el diagrama de puntos?

____

____

2. ¿El diagrama de puntos muestra correctamente los datos de las tablas? Explica por qué sí o por qué no.

____

____

____

3. ¿Qué punto en el diagrama representa a Ariana? Explica.

____

____

____

Nombre ______________________ Fecha ______________

1 Una caja de cereales tiene 2 pulg por 7 pulg por 12 pulg. La caja está llena al 75% de su capacidad con cereales. ¿Cuál es el volumen del cereal que está dentro de la caja?

____

Resuelve la ecuación.

2 $12 \cdot v = 10$

$v =$ ______________

3 $15 + h = 16$

$h =$ ______________

4 $12 = \frac{a}{8}$

$a =$ ______________

5 $112 = b - 23$

$b =$ ______________

Resuelve.

6 Jay recorrió 10 cuadras en su bicicleta. Esto representa el 40% del camino de su casa a la escuela. ¿Cuántas cuadras hay desde la casa de Jay hasta su escuela?

____

7 La Sra. Martin está comprando un nuevo lavavajillas. El lavavajillas cuesta $350. La Sra. Martin paga un 35% del costo en efectivo y financia el resto. ¿Cuánto paga en efectivo?

____

8 Cathy está usando cinta para hacer el borde de un marco rectangular. El marco tiene 8 pulg por 14 pulg. Cathy envuelve la cinta alrededor del marco 5 veces. ¿Serán 6 yardas de cinta suficientes para que Cathy complete el borde? ¿Por qué sí o por qué no?

____

____

9 **Amplía tu razonamiento** Monique dibujó un diagrama de puntos que muestra la cantidad de horas de tarea que 12 de sus amigos hacen por día. Dice que su diagrama de puntos muestra que todos sus amigos hacen la misma cantidad de horas de tarea. ¿Cuál es el aspecto de su diagrama de puntos? Explica.

____

____

8-2
Haz la tarea

Nombre _______________________________ Fecha ______________

1 Dibuja un diagrama de puntos para representar el conjunto de números que se muestra a continuación.

{4, 1, 5, 2, 3, 2, 5, 1, 4, 5, 4, 2, 5, 2, 1}

2 La siguiente tabla muestra las ventas diarias de un puesto de venta de prétzels durante sus primeras 2 semanas. Agrupa los datos y luego dibuja y rotula un histograma de los grupos que están en la cuadrícula debajo de la tabla.

Ventas en un puesto de venta de prétzel

Día	Ventas (en dólares)
1	971
2	1,227
3	1,018
4	1,050
5	1,148
6	961
7	1,483
8	1,000
9	1,250
10	1,140
11	1,380
12	1,165
13	984
14	1,483

Nombre ______________________________ Fecha ______________

❶ ¿Qué porcentaje de la figura que está a la derecha está sombreado? Escribe el porcentaje como una fracción con denominador 100 y como decimal.

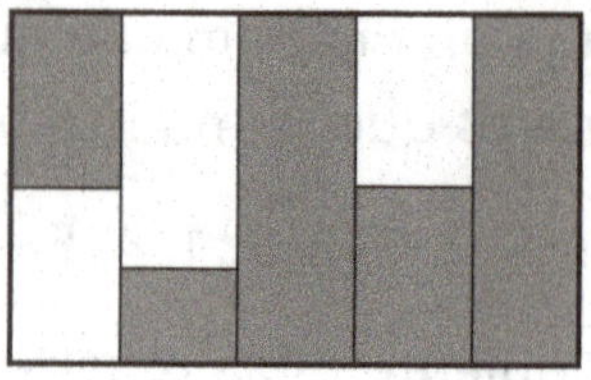

____

Usa la propiedad distributiva para escribir una expresión equivalente.

❷ $6(9t + 5) + s$

____

❸ $4 + 45t + 36t^2 - 2s$

____

❹ $st + 2s^2 + 16s + t^2$

____

❺ $5 + 4s(3t + 2s - 5)$

____

El diagrama de puntos muestra el número de mascotas que tienen los estudiantes de la clase de la profesora Alston. Usa el diagrama de puntos para los Ejercicios 6 a 9.

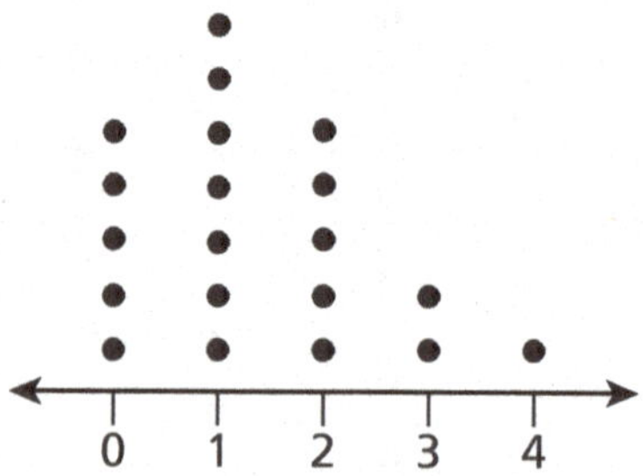

Número de mascotas que tienen los estudiantes de la clase de la profesora Alston

❻ ¿Cuántos estudiantes tienen 2 mascotas? ¿Cómo lo sabes?

____

❼ ¿Cuántos estudiantes más tienen 1 mascota que 3 mascotas?

____

❽ ¿Cuántos estudiantes hay en la clase de la profesora Alston? ¿Cómo lo sabes?

____

❾ **Amplía tu razonamiento** En la clase de la profesora Smith, hay dos veces más estudiantes que tienen 3 mascotas que en la clase de la profesora Alston. En su clase, el número de estudiantes que tienen 0 mascotas es la misma que el número de estudiantes que tienen 4 mascotas. Los demás datos de la clase de la profesora Smith son los mismos que los de la clase de la profesora Alston. Si ambas clases tienen el mismo número de estudiantes, completa el cuadro para mostrar los datos de la clase de la profesora Smith.

Datos de la clase de la profesora Smith	
Número de mascotas	Número de estudiantes
0	
1	
2	
3	
4	

8-3
Haz la tarea

Nombre ______________________ Fecha ____________

Usa los cuatro grupos de cubos que están a continuación para los Ejercicios 1 y 2.

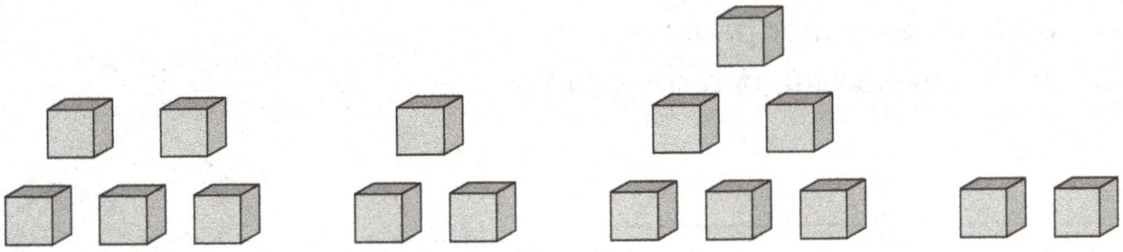

1. Explica qué significa la frase *nivelar para formar partes iguales.*

____

____

____

2. Explica cómo nivelar los grupos que se muestran más arriba de modo que cada grupo represente una parte igual. En tu respuesta, usa las palabras *sumar* y *restar.* Luego, haz un bosquejo de las partes iguales en el espacio que está a la derecha.

____

____

____

La tabla de datos que está a la derecha muestra la cantidad de goles que hicieron los miembros de un equipo de fútbol la temporada pasada. Usa los datos para los Ejercicios 3 y 4.

Jugador	Cantidad de goles que anotó
Owen	3
Jermichael	10
Ryder	0
Aziz	6
Liam	14
Stephon	1
Ollie	4
Tyson	1
Hudson	11
Ray	0

3. Explica cómo determinar la media de la cantidad de goles que anotaron los jugadores.

____

____

____

4. Determina la cantidad de goles anotados completando el siguiente enunciado numérico.

_______ ÷ _______ = _______

Nombre ______________________ **Fecha** ______________

1 Hay 53 miligramos de vitamina C en 100 gramos de naranja. ¿Cuántos gramos de naranja debes comer para consumir 550 miligramos de vitamina C? Redondea la respuesta al gramo más cercano.

____

2 Cindy está pintando un lienzo con forma de pentágono regular, como se muestra. Cubre $\frac{4}{5}$ del lienzo con pintura. ¿Cuánto del lienzo está cubierto de pintura?

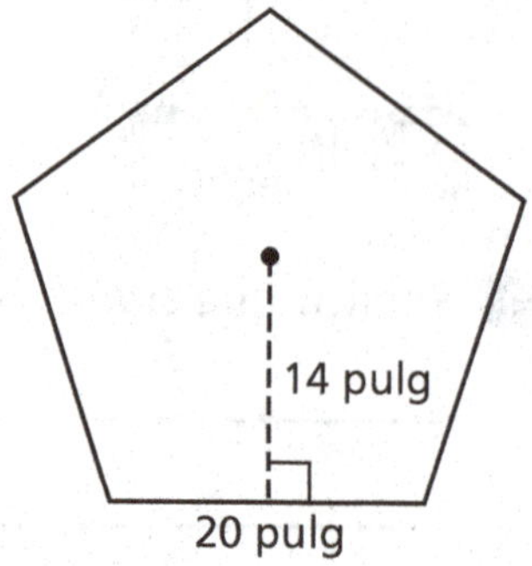

____

La tabla muestra la edad de los actores en una obra de teatro escolar. Usa los datos para los Ejercicios 3 a 4.

Actores en la obra de teatro	
Actor	**Edad (en años)**
Kayla	12
Kyle	9
Karowyn	11
Jawan	14
Rachel	17
Bobby	16
Ziara	15
Hamish	12
Stephen	14
Juan	17
Kiesha	13
Jenn	11
Samantha	10
Marybeth	13
George	13
Harry	12
Bill	15
Sarah	18
Audrey	17
Kenneth	16
Mike	18
Kevin	20

3 Agrupa los datos. Después, en la siguiente cuadrícula, dibuja e indica un histograma de los datos.

4 **Amplía tu razonamiento** ¿Qué porcentaje de los actores de la obra son menores de 17 años? Redondea la respuesta al porcentaje más cercano. Explica.

____

____

____

Nombre ______________________ Fecha ______________

Resuelve.

Ocho de las nueve calificaciones semanales de Latoya							
100	96	90	95	95	100	88	98

1. En la clase de artes del lenguaje del profesor Jackson, la media de nueve calificaciones de exámenes semanales determina la calificación trimestral.

   a. ¿Cuál es la suma de las ocho calificaciones de Latoya?

   ____

   b. ¿Cuál será la suma de las nueve calificaciones de Latoya para que su calificación promedio sea 95? Explica tu respuesta.

   ____

   ____

   c. ¿Cuál es la calificación mínima que Latoya debe obtener en la evaluación final para tener una calificación promedio de 95 para el trimestre? Explica tu respuesta.

   ____

   ____

Usa la tabla para los Ejercicios 2 y 3.

En la tabla de la derecha se muestra la cantidad de estudiantes matriculados en dos escuelas medias. La escuela Ford tiene una clase en cada nivel de grado. La escuela Carter tiene dos clases en cada nivel de grado.

Matrículas en la escuela media

Grado	Escuela Ford	Escuela Carter
6	21	41
7	19	36
8	20	37

2. En palabras, explica cómo determinar la cantidad promedio de estudiantes por clase en cada escuela.

   ____

   ____

3. Calcula la cantidad media de estudiantes por clase en cada escuela. Escribe tus respuestas en oraciones que expliquen lo que representan las medias.

   ____

   ____

Nombre ______________________________ **Fecha** ____________

Resuelve.

❶ Valerie mezcla 5 partes de fertilizante líquido por cada 9 partes de agua para preparar fertilizante para su jardín. ¿Cuántos cuartos de galón de agua y fertilizante necesita para preparar 20 cuartos de galón de la solución?

____

____

❷ ¿Qué porcentaje es 45 de 125?

____

Escribe las fracciones equivalentes. Completa.

❸	$3\frac{5}{6}$ $3\frac{3}{8}$ →	
❹	>, <	>
❺	+	
❻	·	
❼	÷	
❽	−	

Completa el enunciado numérico para determinar la media de cada conjunto de datos.

❾ 3, 4, 7, 4, 2, 4, 6, 2

_____ ÷ _____ = _____

❿ 10, 11, 12, 11, 11

_____ ÷ _____ = _____

⓫ 9, 14, 10, 0, 0, 4, 10, 7, 9

_____ ÷ _____ = _____

⓬ 20, 23, 35, 14

_____ ÷ _____ = _____

Usa el histograma para los Ejercicios 13 y 14.

⓭ ¿El grupo etario de 0 a 4 tiene $\frac{2}{3}$ de personas de qué otro grupo?

____

⓮ **Amplía tu razonamiento** ¿Cuál es la cantidad media de personas en cada rango de edades? Explica.

____

____

____

____

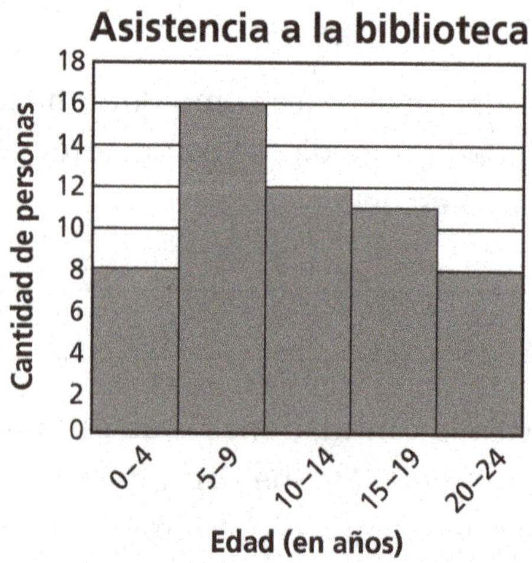

8-5
Haz la tarea

Nombre ____________________ Fecha ____________

Dibuja un diagrama de puntos para mostrar la nueva disposición de los puntos.

1. Mueve un punto hacia la izquierda y mueve un punto hacia la derecha de modo que el punto de equilibrio sea el mismo.

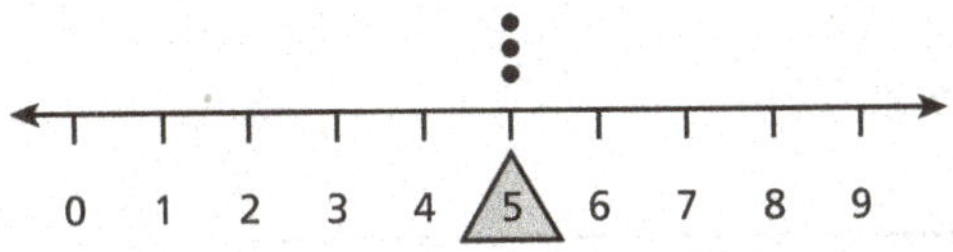

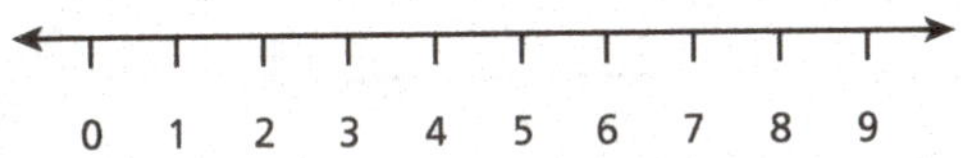

2. Mueve todos los puntos de modo que el punto de equilibrio sea el mismo.

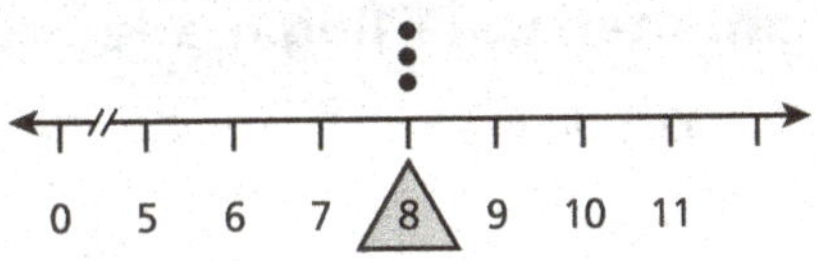

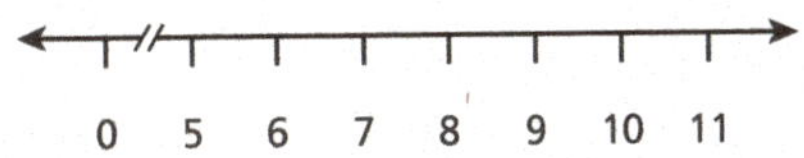

3. Mueve todos los puntos de modo que el punto de equilibrio cambie a un número entero menor. Dibuja el nuevo punto de equilibrio.

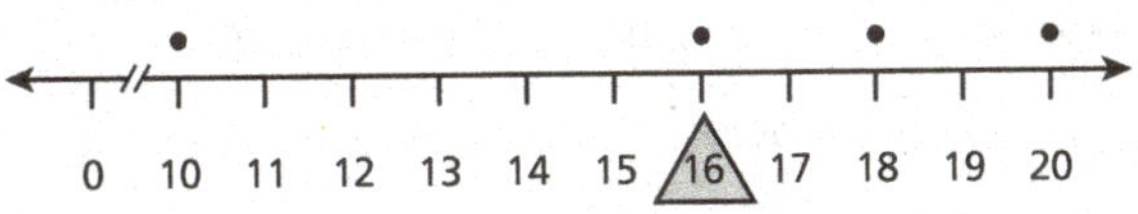

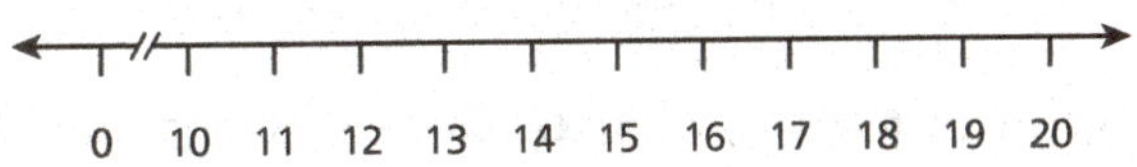

4. Mueve todos los puntos de modo que el punto de equilibrio cambie a un número entero mayor. Dibuja el nuevo punto de equilibrio.

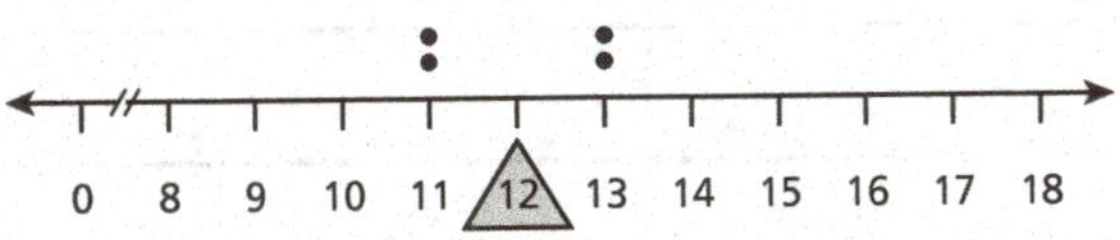

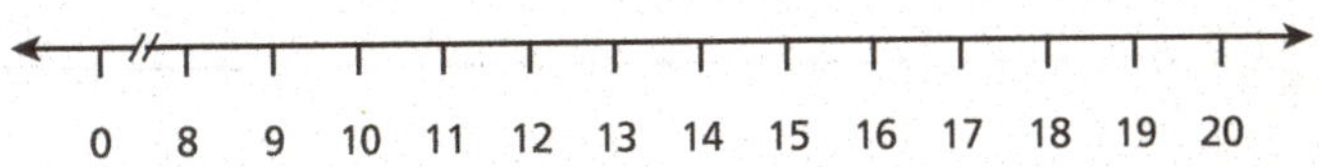

8-5
Recuerda

Nombre ______________________ Fecha ______________

1 La razón del ancho con la longitud de una pantalla de televisión es de 4 a 5. ¿Cuál es el área de una pantalla de televisión con un ancho de 30 pulgadas?

____

Evaluar si $a = 1.2$ y $b = 4$.

2 $b^2 + a(4 + b)$

____

3 $45 - ab + 5b$

____

4 $5 + a + b + 4ab$

____

5 $16(b - a) - 5a$

____

6 Dibuja un diagrama de puntos para representar los datos de la tabla. Coloca un título a tu producción.

Cuadras que los estudiantes caminan para llegar a la escuela	
Estudiante	**Cuadras**
Jerry	2
Luciano	4
Jaime	3
Austin	4
Zubia	5
Tasmina	2
Julian	4
Monique	7
Cheryl	5

7 Nancy obtuvo 88, 95, 87, 100 y 90 en sus pruebas. ¿Qué necesita obtener en su próxima prueba para tener un promedio de 93?

____

8 **Amplía tu razonamiento** La cantidad promedio de personas en un concierto en el transcurso de 3 noches es de 125. En la primera noche, había 151 personas en el concierto. En la segunda y tercera noche, asistió la misma cantidad de personas. ¿Cuántas personas asistieron en cada una de la segunda y la tercera noche? Explica.

____

____

____

____

8-6

Haz la tarea

Nombre ______________________ Fecha ______________

Resuelve.

1 El diagrama de puntos que está a la derecha muestra 11 valores de datos. Determina la mediana de los datos.

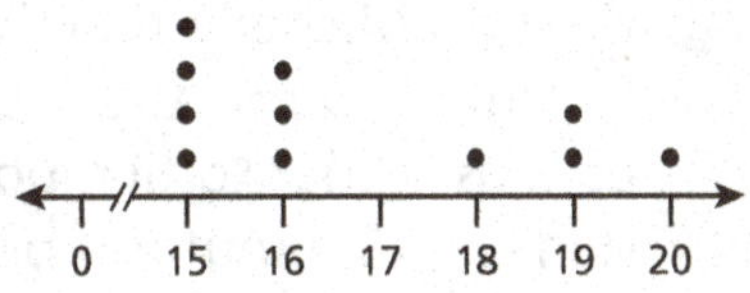

____

La tabla que está a la derecha muestra la cantidad de estudiantes en cada grado que se ofrecieron como voluntarios para participar en el espectáculo de talentos. Usa la tabla para los Ejercicios 2 y 3.

Grado	Cantidad de voluntarios
1	30
2	9
3	40
4	32
5	41
6	29
7	30
8	35

2 ¿Cuál es la cantidad mediana de voluntarios para cada grado?

____

3 ¿El grado 6 tuvo más voluntarios que la cantidad mediana de voluntarios? Explica.

____

____

En la tabla que está a la derecha se muestra la cantidad de minutos que William estudió en casa cada noche de la semana durante dos semanas. Usa la tabla para los Ejercicios 4 a 6.

Minutos	
Semana 1	**Semana 2**
10	0
30	10
10	15
10	10
0	0

4 Calcula la cantidad media de minutos para cada semana.

Media de la semana 1: ________ Media de la semana 2: ________

5 Calcula la cantidad mediana de minutos de cada semana.

Mediana de la semana 1: ________ Mediana de la semana 2: ________

6 Imagina que William quiere resumir los datos de ambas semanas utilizando solamente un número. ¿Qué número deberá elegir? Da una razón que justifique tu respuesta.

____

____

8-6
Recuerda

Name ______________________________ Date ______________

❶ Cuando Michelle practica tocar su instrumento, dedica 8 minutos a practicar canciones y 5 minutos a practicar escalas. ¿Cuánto tiempo debe practicar Michelle para dedicar 16 minutos a practicar canciones?

____

Dibuja un diagrama de puntos para mostrar la nueva disposición de los puntos.

❷ Mueve todos los puntos de modo que el punto de equilibrio sea el mismo.

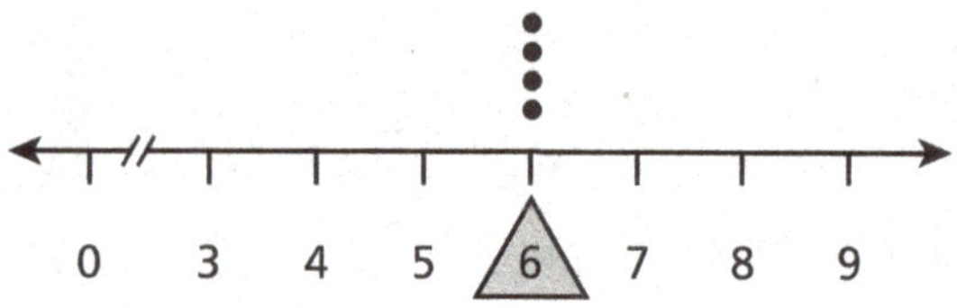

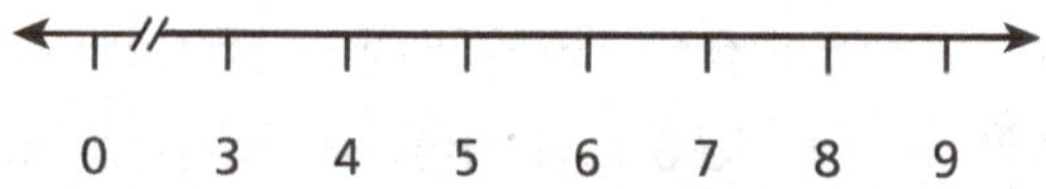

❸ Mueve todos los puntos de modo que el punto de equilibrio cambie a un número entero mayor. Dibuja el nuevo punto de equilibrio.

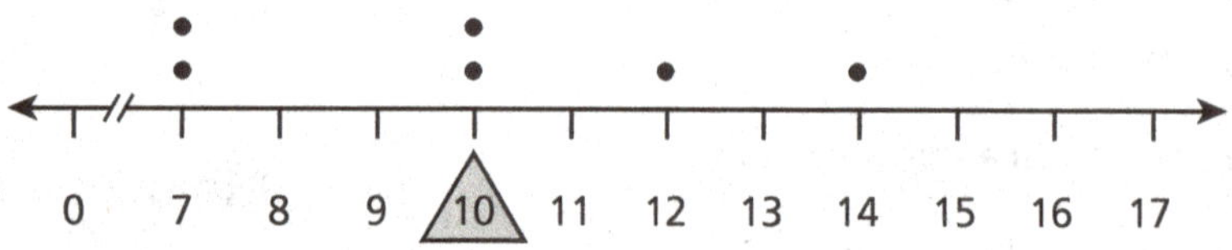

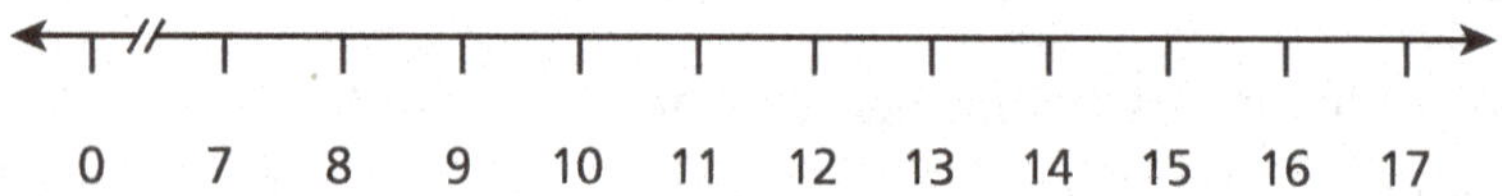

❹ **Amplía tu razonamiento** El punto de equilibrio de un conjunto de 4 números es 14. ¿Cómo puedes mover un punto para que el punto de equilibrio sea 16? Explica.

____

____

____

8-7
Haz la tarea

Nombre ______________________ **Fecha** ____________

❶ El niño más pequeño en una familia tiene 6 años. El padre de mayor edad tiene 35 años. ¿Cuál es el rango de edades en la familia?

____

❷ ¿Todas las familias tendrán el mismo rango de edades que la familia del Ejercicio 1? Explica por qué sí o por qué no.

____

____

❸ ¿En cuántas partes iguales dividen los cuartiles un conjunto de datos?

____

Usa el conjunto de datos que está a la derecha para los Ejercicios 4 a 6.

73
102
319
565
570
844
1,096

❹ Indica la mediana.

❺ Indica el primer cuartil.

❻ Indica el tercer cuartil.

Usa los diagramas de puntos para los Ejercicios 7 y 8.

Diagrama A

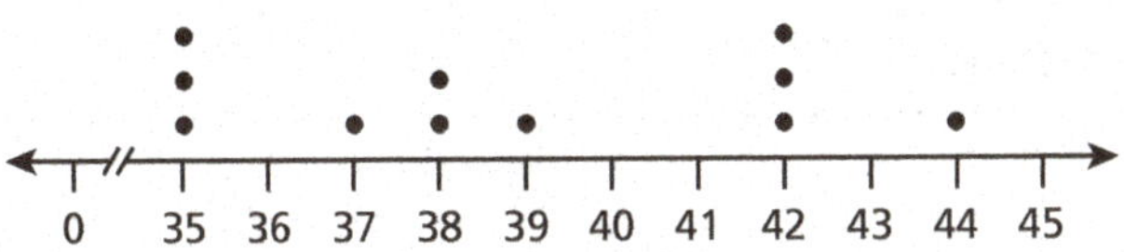

Diagrama B

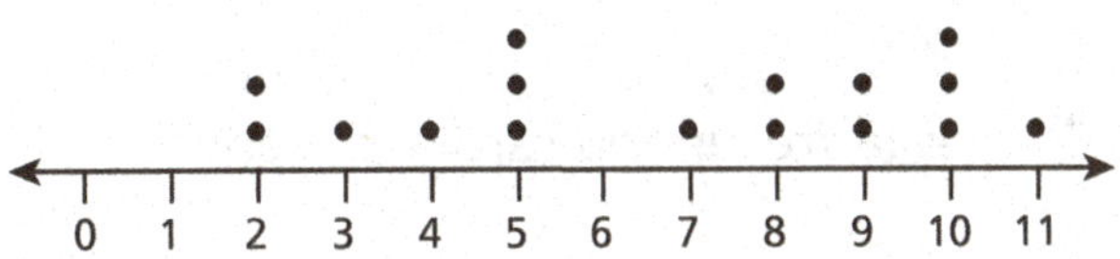

❼ Diagrama A: rango: ____________

mediana: ____________

primer cuartil: ____________

tercer cuartil: ____________

❽ Diagrama B: rango: ____________

mediana: ____________

primer cuartil: ____________

tercer cuartil: ____________

8-7
Recuerda

Nombre ____________________ **Fecha** __________

❶ Tayshawn gastará el 35% de su dinero en un regalo para su madre. Si el regalo cuesta $42, ¿cuánto dinero tiene Tayshawn?

____

La tabla muestra la frecuencia cardíaca promedio de diferentes animales, incluidos los seres humanos. Usa los datos para los Ejercicios 2 a 4.

❷ Agrupa los datos. Después, dibuja e identifica un histograma de los datos en la siguiente cuadrícula.

Animal	Frecuencia cardíaca promedio (latidos por minuto)
Ser humano	60
Perro mediano	90
Caballo	44
Vaca	65
Cerdo	70
Elefante	30
Jirafa	65
Ballena grande	20
Perro pequeño	100
Perro grande	75

❸ ¿Cuál es la frecuencia cardíaca media?

____

❹ ¿Cuál es la frecuencia cardíaca mediana?

____

❺ **Amplía tu razonamiento** La mediana de un conjunto de datos es $\frac{2}{3}$ del mayor valor y $1\frac{2}{5}$ del valor menor. El conjunto de datos tiene 7 números enteros. La media del conjunto de datos es igual a la mediana. ¿Cuáles podrán ser los valores en el conjunto de datos?

____

Nombre ______________________ Fecha ______________

1 Haz un diagrama de caja para representar los datos del diagrama de puntos.

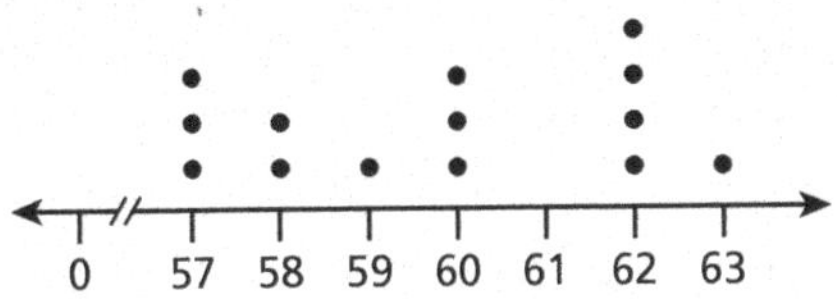

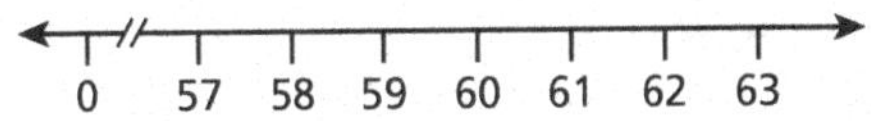

A la derecha se muestran tres resúmenes de datos que muestran un diagrama de caja. Usa los resúmenes para el Ejercicio 2.

Q1 = 0.75
mediana = 5.5
Q3 = 6.25

2 ¿Cómo se compara el rango de la mediana a Q1 con el rango de la mediana a Q3, y qué sugiere esto sobre la dispersión de los datos?

____

____

____

____

____

Usa los siguientes diagramas de caja para los Ejercicios 3 a 5.

Diagrama de caja A

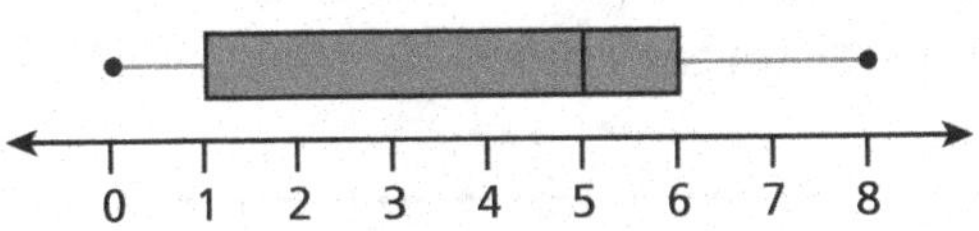

Diagrama de caja B

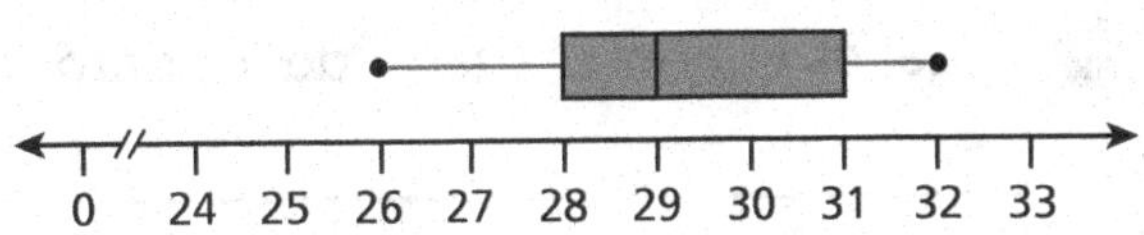

3 Calcula el RIC del diagrama de caja A.

____

4 Calcula el RIC del diagrama de caja B.

____

5 ¿Qué RIC es una mejor descripción de la dispersión de los datos? Da una razón que justifique tu respuesta.

____

____

____

____

____

8-8
Recuerda

Nombre ______________________ Fecha ____________

1 Jadzia terminó 8 de los 10 problemas que tenía de tarea. ¿Qué porcentaje de su tarea terminó Jadzia?

____

Resuelve *k*.

2 $\frac{k}{24} = \frac{12}{80}$

$k =$ ____________

3 $\frac{23}{13} = \frac{k}{34}$

$k =$ ____________

4 $\frac{15}{k} = \frac{3}{20}$

$k =$ ____________

El diagrama de puntos muestra la cantidad de pies de cinta que unos estudiantes de la clase del profesor Del Rio usaron para un proyecto. Usa el diagrama de puntos para los Ejercicios 5 a 11.

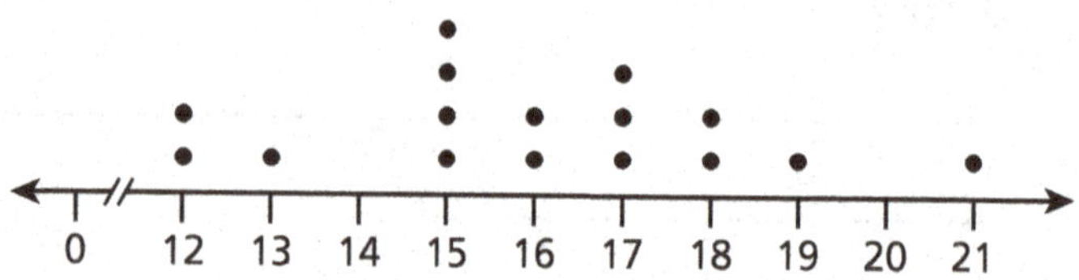

Pies de cinta usados para el proyecto

5 ¿Cuántos estudiantes usaron más de 15 pies de cinta?

____

6 ¿Cuál es la media de los datos?

____

7 ¿Cuál es la mediana de los datos?

____

8 ¿Cuál es el rango de los datos?

____

9 ¿Cuál es el primer cuartil de los datos?

____

10 ¿Cuál es el tercer cuartil de los datos?

____

11 **Amplía tu razonamiento** Imagina que se agregan valores de datos para 3 estudiantes más al diagrama de puntos que está más arriba. Los estudiantes usaron 19, 20 y 21 pies de cinta. ¿De qué manera los nuevos datos afectarán los valores de la mediana, el primer cuartil y el tercer cuartil?

____

____

____

8-9
Haz la tarea

Nombre ______________________ Fecha ____________

Usa el siguiente diagrama de puntos para los Ejercicios 1 a 4.

La media de estos valores es 5

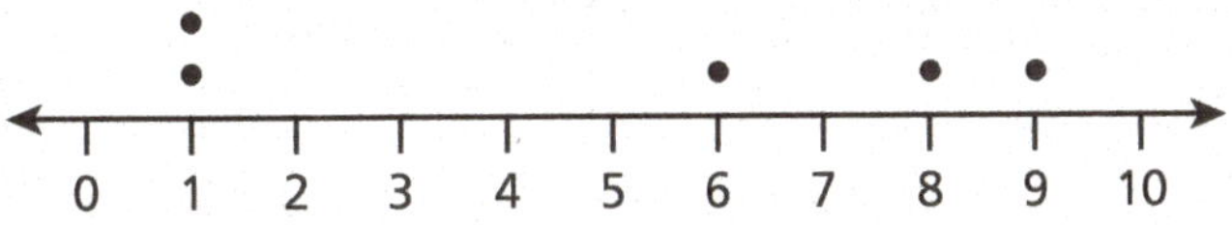

Distancia desde la media

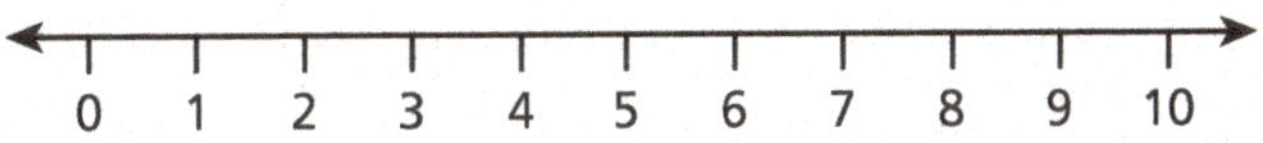

1. Completa la parte de *Distancia desde la media* escribiendo un número para representar la distancia de cada punto desde la media.

2. Determina la suma de las distancias desde la media.

   ____

3. Divide la suma de las distancias por la cantidad de valores.

   ____

4. ¿Qué representa la respuesta al Ejercicio 3?

   ____

Sigue los siguientes pasos para calcular la desviación absoluta media de los datos en el Conjunto A, que se muestra a la derecha.

Conjunto A
5 8 4 5 3 4 5 6

5. Determina la media de los datos. ______________________

6. Determina la distancia a la que está cada valor de la media.

   ____

   ____

7. Escribe la suma de las distancias. ______________________

8. Calcula la desviación absoluta media dividiendo la suma de las distancias por la cantidad de valores.

   ____

9. En el Ejercicio 8, calculaste la desviación absoluta media de los datos en el Conjunto A. Imagina que la desviación absoluta media de un conjunto de datos diferente llamado Conjunto B era el doble de tu respuesta para el Ejercicio 8. ¿Cómo se comparará la dispersión de los datos en los dos conjuntos?

   ____

   ____

8-9
Recuerda

Nombre ______________________ **Fecha** ______________

❶ Una receta de salsa de mostaza y miel lleva 1 parte de mostaza y 2 partes de miel. ¿Cuánto de cada ingrediente se necesitará para preparar 12 tazas de salsa?

____

Usa los datos de la tabla para los Ejercicios 2 a 8.

❷ Dibuja un diagrama de puntos para representar los datos de la tabla. Coloca un título a tu producción.

Donaciones de alimento				
Grado	**Cantidad de latas**		**Grado**	**Cantidad de latas**
1	28		7	28
2	30		8	25
3	23		9	29
4	23		10	20
5	20		11	29
6	30		12	29

❸ ¿Cuál es el rango de los datos?

____

❹ ¿Cuál es la mediana de los datos?

____

❺ ¿Cuál es el primer cuartil de los datos?

____

❻ ¿Cuál es el tercer cuartil de los datos?

____

❼ Haz un diagrama de caja para representar los datos.

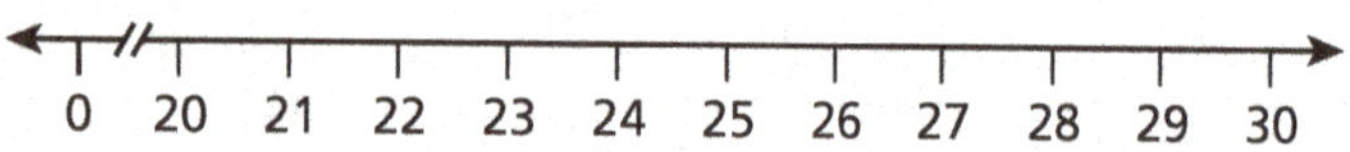

❽ **Amplía tu razonamiento** Calcula el RIC del diagrama de caja que está más arriba. ¿El RIC es una buena descripción de los datos? ¿Por qué sí o por qué no?

____

____

____

____

8-10
Haz la tarea

Nombre ______________________ Fecha ______________

Usa el siguiente diagrama de puntos para los Ejercicios 1 a 4.

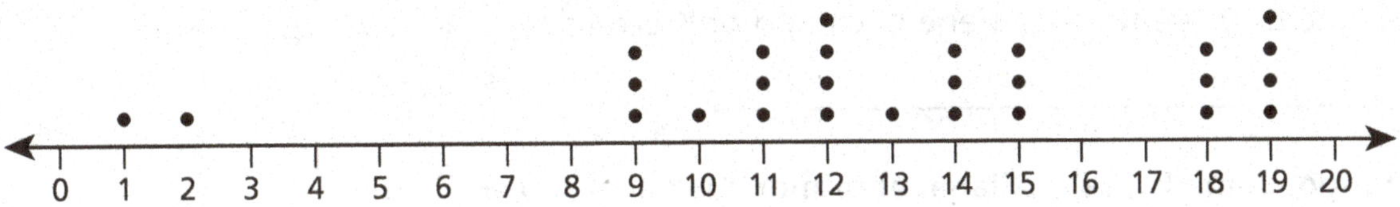

1. Describe la forma de los datos. Usa las palabras *agrupaciones*, *picos*, *brechas* y *valor atípico* en tu respuesta.

2. El punto en 13 es la mediana de los datos. ¿Cambiará la mediana si se la calculara una segunda vez sin incluir los valores en 1 y 2? Explica por qué sí o por qué no.

3. La media de los datos es 13. ¿Cambiaría la media si se la calculara una segunda vez sin incluir los valores en 1 y 2? Explica por qué sí o por qué no.

4. ¿Qué medida, la media o la mediana, describe mejor el conjunto de datos? Da una razón que justifique tu respuesta.

8-10 Recuerda

Nombre ______________________ Fecha ____________

❶ Gerrard cortó el pasto del 25% de su campo. Si cortó el pasto de 2 acres, ¿qué tamaño tiene el campo de Gerrard?

____

Determina el rango, la media, la mediana, el primer cuartil, el tercer cuartil y la desviación absoluta media para cada conjunto de datos. Escribe la respuesta como decimal al décimo más cercano, cuando sea necesario.

❷ 5, 4, 2, 3, 7, 9

rango: ________

media: ________

mediana: ________

primer cuartil: ________

tercer cuartil: ________

desviación absoluta media: ________

❸ 66, 65, 67, 50, 54, 56, 69

rango: ________

media: ________

mediana: ________

primer cuartil: ________

tercer cuartil: ________

desviación absoluta media: ________

❹ 8, 11, 14, 7, 12, 12, 12, 20

rango: ________

media: ________

mediana: ________

primer cuartil: ________

tercer cuartil: ________

desviación absoluta media: ________

❺ 4, 3, 5, 2, 4, 4, 6

rango: ________

media: ________

mediana: ________

primer cuartil: ________

tercer cuartil: ________

desviación absoluta media: ________

❻ **Amplía tu razonamiento** Observa tus respuestas para los Ejercicios 2 a 5. ¿Qué conjunto de datos está más dispersado? Explica.

____

____

____

____

Nombre ______________________ Fecha ______________

Una clase de sexto grado construyó aviones de papel y los hizo volar. En el diagrama de puntos que está a continuación se muestran los datos recopilados por la clase.

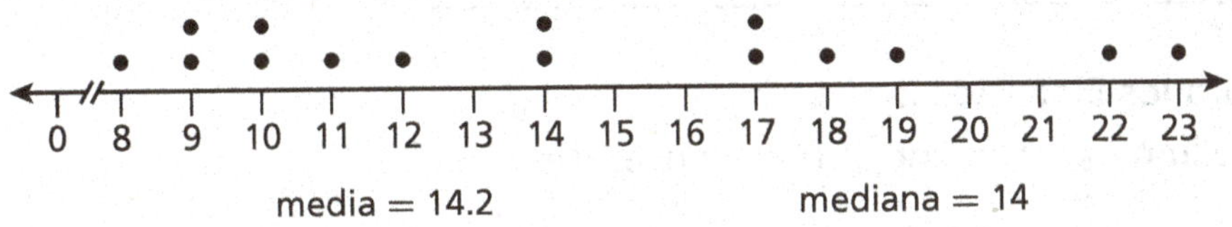

Construye un avión de papel en casa y hazlo volar. Quizás un miembro de tu familia tenga un diseño interesante para que pruebes. Haz volar el avión varias veces y registra la mayor distancia que recorre, en pies.

¡Recuerda! Los aviones de papel pueden provocar lesiones; hazlo volar de forma segura.

1. ¿Cómo se compara la mayor distancia que voló tu avión con la media y la mediana del diagrama de puntos que está más arriba?

____

____

Imagina que dibujas un nuevo diagrama de puntos para representar la distancia que voló tu avión. El nuevo punto:

2. ¿se convertirá en parte de una agrupación? ______________
3. ¿se convertirá en parte de un pico? ______________
4. ¿creará una brecha diferente en los datos? ______________
5. ¿será un valor atípico? ______________
6. Predice de qué manera el nuevo punto afectará la media y la mediana de los datos. Explica tus predicciones.

____

____

____

____

____

8-11 Recuerda

Nombre ______________________ Fecha ____________

❶ Stephen tarda 15 minutos en recorrer 45 cuadras en su bicicleta. A esta tasa, ¿qué distancia puede recorrer en 45 minutos?

____

Usa el diagrama de puntos para los Ejercicios 2 a 10.
Redondea las respuestas al décimo más cercano si fuera necesario.

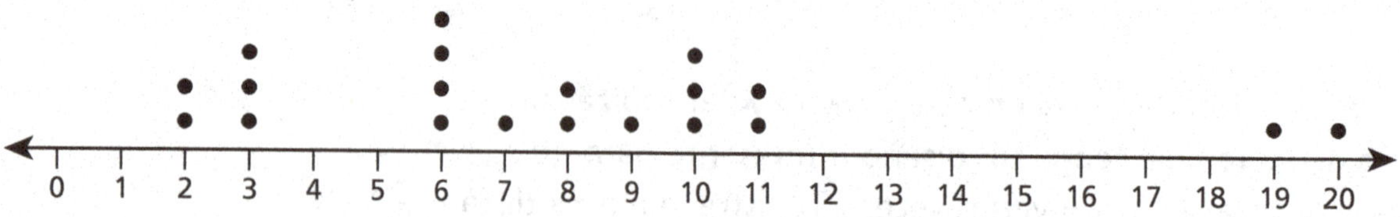

❷ rango: ____________

❸ media: ____________

❹ mediana: ____________

❺ desviación absoluta media: ____________

❻ primer cuartil: ____________

❼ tercer cuartil: ____________

❽ Describe la forma de los datos. Usa las palabras *agrupaciones, picos, brechas* y *valor atípico* en tu respuesta.

____

____

❾ Haz un diagrama de caja para representar los datos del diagrama de puntos.

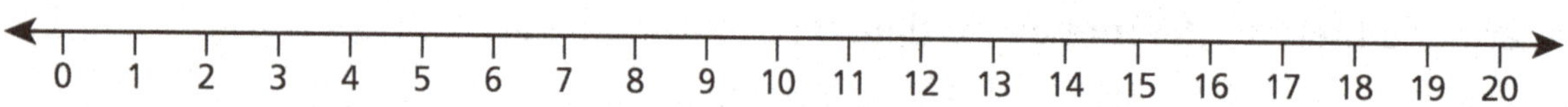

❿ **Amplía tu razonamiento** ¿Cómo se verán afectadas tus respuestas en los Ejercicios 2 a 9 si se las calculara sin los valores en 19 y 20? Explica.

____

____

____

____

8-12
Haz la tarea

Nombre ______________________________ Fecha ______________

En una actividad anterior, estimaste el área de una de tus manos. ¿Cómo se compara el área de uno de tus pies con el área de tu mano?

1. **Predice** Completa la oración que está a continuación con la frase *mayor que, menor que o igual a*.

   Predigo que el área de mi pie es ______________ el área de mi mano.

2. Vuelve a mirar la Actividad 1 y determina tu estimación del área de tu mano.

   El área de mi mano tiene alrededor de ______________ centímetros cuadrados.

3. **Predice** ¿Cuál crees que podría ser el área de tu pie? Registra tu predicción en centímetros cuadrados.

   ____

4. Dibuja uno de tus pies en papel con cuadrículas de un centímetro.

5. Estima el área de tu pie contando los centímetros cuadrados enteros y parciales. ¿Cuál es tu estimación del área?

   ____

6. **Compara** ¿Cómo el área de tu pie se compara con el área de tu mano?

   ____

   ____

7. ¿Qué porcentaje, redondeado al entero más cercano, es el área de tu pie cuando se lo compara con el área de tu mano?

   ____

Nombre ______________________ Fecha ______________

❶ Nathaniel tiene un cubo numerado con una longitud de lado de 1 cm. Bonnie tiene un cubo numerado diferente con una longitud de lado de 2 cm. ¿Qué porcentaje del área de superficie del cubo de Bonnie es el cubo de Nathaniel?

____

Resuelve.

❷ 234.6 ÷ 3.4 ______

❸ 0.021 • 0.45 ______

❹ 12,098 − 9,993 ______

Usa el conjunto de datos que está a la derecha para los Ejercicios 5 a 7.

12	12	13	11	10	19	19	21	22

❺ Dibuja un diagrama de puntos para representar los datos.

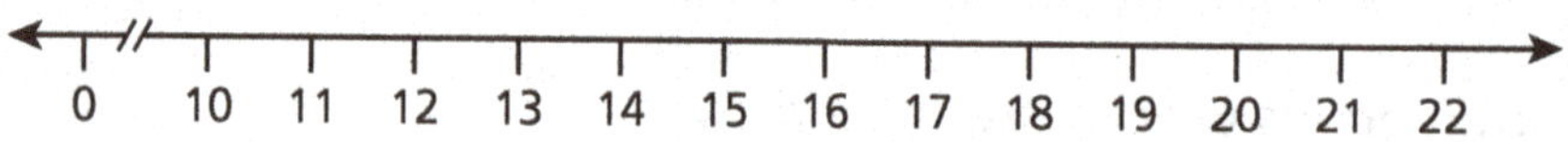

❻ Haz un diagrama de caja para representar los datos.

❼ **Amplía tu razonamiento** Agrega un nuevo valor de datos al conjunto de datos que pueda cambiar el diagrama de caja. Explica cómo cambiaría el diagrama de caja.

____

____

____

8-13
Haz la tarea

Nombre ______________________ Fecha ______________

Para los Ejercicios 1 a 4, en un experimento de probabilidad se hace rodar un cubo numerado y se hace girar una rueda giratoria.

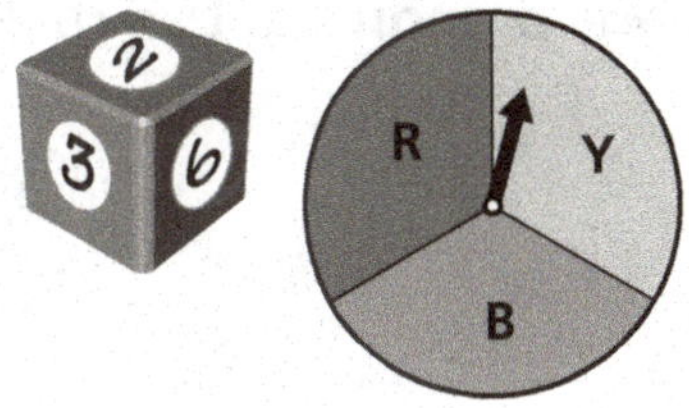

1. Haz un dibujo, una tabla o un diagrama de árbol para representar los posibles resultados.

2. Explica por qué tu trabajo representa todos los resultados posibles.

____

____

____

3. Escribe el espacio muestral para este experimento.

____

____

4. ¿Qué tamaño tiene el espacio muestral? ______________

Para los Ejercicios 5 a 7, para un experimento de probabilidad se lanzan dos monedas y se hace rodar un cubo numerado.

5. Escribe el espacio muestral para este experimento.

____

____

____

____

6. ¿Qué tamaño tiene el espacio muestral? ______________

7. ¿Qué miembros del espacio muestral de este experimento están relacionados con el evento *Dos caras o dos cruces y un número par?*

____

8-13
Recuerda

Nombre ______________________ Fecha ______________

Resuelve cada proporción. Usa cualquier método.

1. $\frac{3}{13} = \frac{7}{d}$

$d =$ ______________

2. $\frac{3}{4} = \frac{r}{48}$

$r =$ ______________

3. $\frac{w}{14} = \frac{7}{28}$

$w =$ ______________

Resuelve los problemas. Usa cualquier método.

Muestra tu trabajo.

4. Un pastel lleva 4 huevos y 3 tazas de harina. ¿Cuántas tazas de harina se necesitan para un pastel más grande que lleva 20 huevos?

____

5. Un surtido de nueces contiene 12 onzas de maní por cada 7 onzas de anacardos. ¿Cuántas onzas de anacardos hay en una tanda que usa el mismo surtido si contiene 144 onzas de maní?

____

6. 300 pies de madera de 2 por 4 cuesta 364 dólares. ¿Cuánto costarán 75 pies de la misma madera?

____

7. Una pintora mezcla 7 galones de pintura usando cinco galones de blanco y el resto de rojo. Si la pintora debe preparar 42 galones del mismo color para terminar el trabajo, ¿cuánta pintura roja necesita?

____

8. **Amplía tu razonamiento** ¿Cuál es el espacio muestral para elegir una letra del alfabeto al azar? ¿Qué conjunto de resultados se relacionan con el evento "elegir una vocal"?

____

8-14
Haz la tarea

Nombre _______________ Fecha _______________

Usa las palabras en la tabla para describir la posibilidad de cada evento en los Ejercicios 1 a 4.

Probabilidad	Posibilidad
0	imposible
> 0 y $< \frac{1}{2}$	poco probable
$\frac{1}{2}$	probable o poco probable en partes iguales
$> \frac{1}{2}$ y < 1	probable
1	seguro

1. Se lanza un cubo numerado del 1 al 6 y muestra un número impar.

____

2. Se lanza un cubo numerado del 1 al 6 y muestra un número mayor que 2.

____

3. Se lanza un cubo numerado del 1 al 6 y muestra un número menor que 8.

____

4. Se lanza un cubo numerado del 1 al 6 y muestra un múltiplo de 3.

____

En un experimento de probabilidad, se selecciona una baldosa de una bolsa que contiene 10 baldosas numeradas con los números del 1 al 10. Para los Ejercicios 5 al 9, escribe la probabilidad de cada evento como fracción, número decimal y porcentaje.

5. Seleccionar una baldosa con un número par

_______________ _______________ _______________

6. Seleccionar una baldosa con un múltiplo de 3

_______________ _______________ _______________

7. Seleccionar una baldosa con el número 12

_______________ _______________ _______________

8. Imagina que lanzas cubos numerados del 1 al 6. Explica cómo determinar la probabilidad de que al lanzar el cubo, dos números sean iguales.

____

____

____

8-14
Recuerda

Nombre ______ Fecha ______

Resuelve.

Muestra tu trabajo.

1. Una jarra puede contener 3.8 L de jugo. ¿Cuántos mililitros es esto?

   ______

2. Para un análisis, un químico necesita 750 mL de agua purificada. El químico debe hacer 12 análisis. ¿Cuánta agua necesita, en litros?

   ______

3. James usa una botella de un cuarto de galón para llenar la tina de su perro con agua tibia del fregadero. Necesita cuatro galones de agua para bañar a su perro. ¿Cuántas botellas necesitará para llenar la tina?

   ______

4. Un taxi lleva pasajeros en viajes de 2.4 km, 3.9 km y 1.1 km. ¿Cuántos metros son?

   ______

5. Para un experimento de biología, un maestro pide 5.4 kg de tierra para macetas. Cada uno de los 18 estudiantes en la clase recibe la misma cantidad de tierra para sembrar una planta. ¿Cuántos gramos de tierra recibe cada estudiante?

   ______

6. Un árbol tiene 7 pies de altura. Si crece 9 pulgadas al año, ¿cuál será su altura en 10 años?

   ______

7. **Amplía tu razonamiento** ¿Cuál es la probabilidad de que una persona nacida en febrero, pero no durante año bisiesto, haya nacido en una fecha divisible entre 7?

   ______

Nombre ______________________ Fecha ______________

Para un experimento de probabilidad, se hacen girar dos ruedas giratorias de cuatro partes con números del 1 al 4. El espacio muestral es la suma de los dos números resultantes.

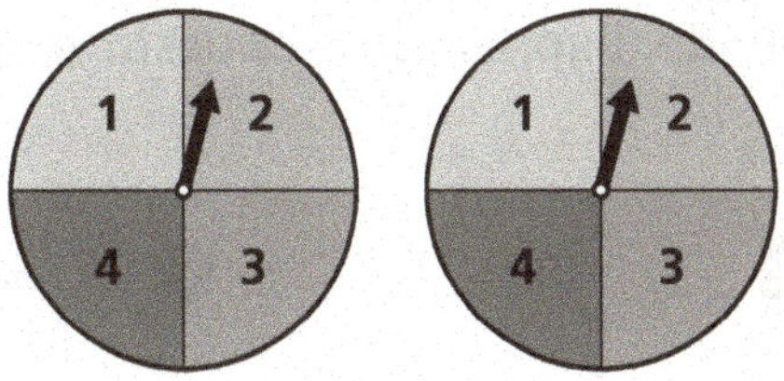

1 ¿Crees que una suma saldrá con más frecuencia? Si la respuesta es sí, ¿qué suma?

____

2 El experimento se lleva a cabo 1,000 veces y los resultados se registran en la siguiente tabla de frecuencia. Calcula la frecuencia relativa de cada resultado como fracción y como decimal.

Resultado	Frecuencia	Frecuencia relativa
2	35	
3	133	
4	209	
5	264	
6	221	
7	110	
8	28	

3 Completa la tabla que está a la derecha para determinar el espacio muestral para la suma de los dos números resultantes.

+		Primera rueda giratoria			
		1	2	3	4
Segunda rueda giratoria	1	2			
	2				
	3				
	4				

4 ¿Qué tamaño tiene el espacio muestral? __________

5 ¿Qué suma probablemente aparezca más frecuentemente? __________

6 ¿Qué tamaño tiene el evento de una suma de 5? __________

7 ¿Cuál es la probabilidad teórica de una suma de 5? Escribe tu respuesta como decimal. __________

8 Compara la probabilidad teórica de una suma de 5 con la frecuencia relativa en el Ejercicio 2.

____

Nombre Fecha

Divide. Expresa tu respuesta como un cociente con un residuo.

1. $15\overline{)1{,}098}$
2. $42\overline{)985}$
3. $12\overline{)373}$
4. $18\overline{)818}$
5. $22\overline{)374}$
6. $33\overline{)375}$
7. $51\overline{)475}$
8. $27\overline{)856}$

Resuelve.

Muestra tu trabajo.

9. Una tienda de artículos electrónicos vendió 4,165 dólares en reproductores de DVD. Vendieron 35 reproductores. Todos los reproductores de DVD cuestan lo mismo. ¿A cuánto se vendió cada reproductor de DVD?

____

10. Una sala de conciertos tiene una capacidad para 376 personas. Un concierto con todos los asientos vendidos recaudó $28,200. Todas las entradas costaban lo mismo. ¿Cuánto costó cada entrada?

____

11. **Amplía tu razonamiento** Se realiza un experimento en el que se lanza una moneda 1,000 veces. La frecuencia relativa de la cara fue 0.489. ¿Cuántas caras se registraron? ¿Cuántas cruces?

____

8-16
Haz la tarea

Nombre ______ Fecha ______

En un experimento de probabilidad, se debe tomar una canica de una bolsa, registrar el color y devolver la canica. En la bolsa hay 20 canicas. Las canicas son de color rojo, azul y verde.

1. Primero, el experimento se realiza 40 veces. Calcula la frecuencia relativa como fracción, decimal y porcentaje.

Resultado	Frecuencia	Frecuencia relativa
Rojas	8	
Azules	11	
Verdes	21	

2. Usa los resultados en la tabla para predecir la cantidad de canicas rojas, azules y verdes en la bolsa.

______

3. Después, se realiza el experimento 250 veces. Calcula la frecuencia relativa como fracción, decimal y porcentaje.

Resultado	Frecuencia	Frecuencia relativa
Rojas	59	
Azules	65	
Verdes	126	

4. Usa los resultados en la tabla para predecir la cantidad de canicas rojas, azules y verdes en la bolsa.

______

5. La bolsa en realidad tiene 5 canicas rojas, 5 canicas azules y 10 canicas verdes. ¿Cuáles son las probabilidades teóricas?

______

6. ¿Cómo se comparan las probabilidades experimentales de los Ejercicios 1 y 3 con la probabilidad teórica?

______

8-16
Recuerda

Nombre ____________________ Fecha __________

Halla el perímetro y el área.

1
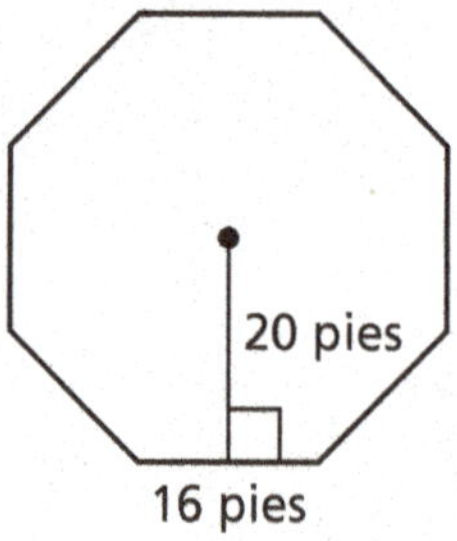

$P =$ ______________

$A =$ ______________

2
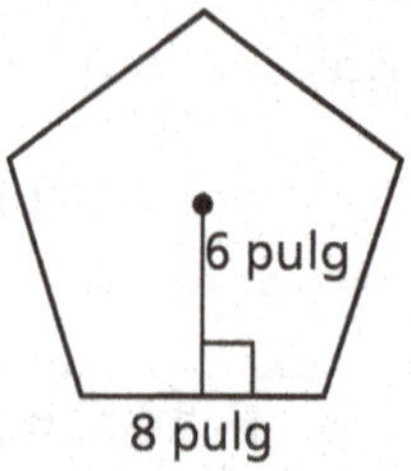

$P =$ ______________

$A =$ ______________

3
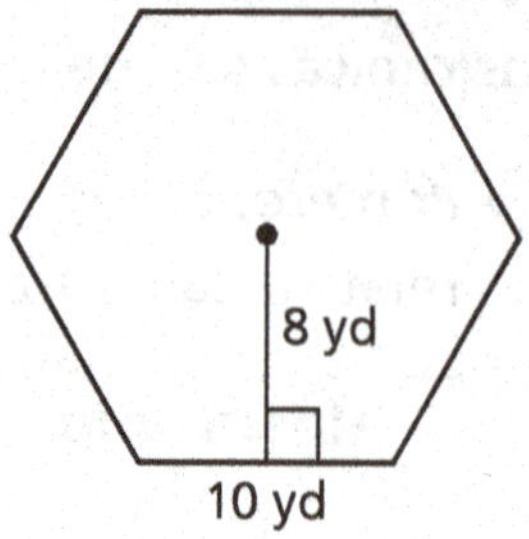

$P =$ ______________

$A =$ ______________

4
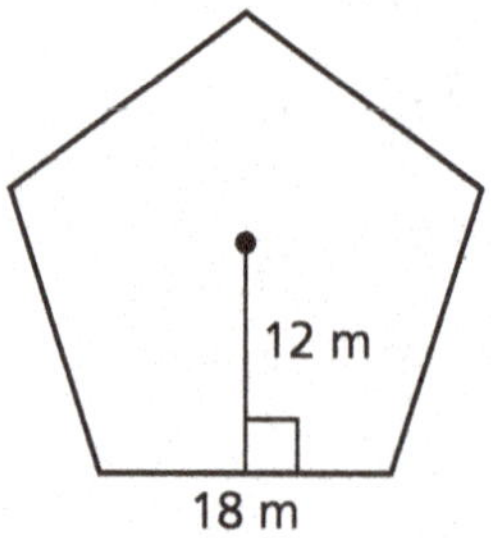

$P =$ ______________

$A =$ ______________

5
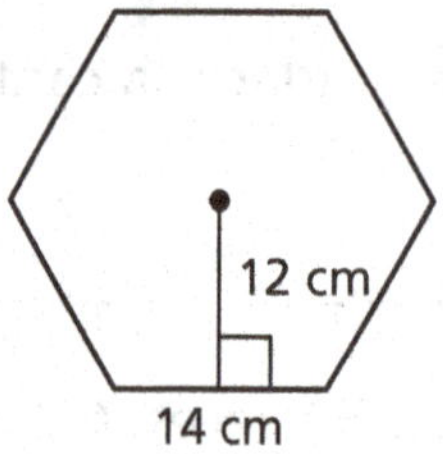

$P =$ ______________

$A =$ ______________

6
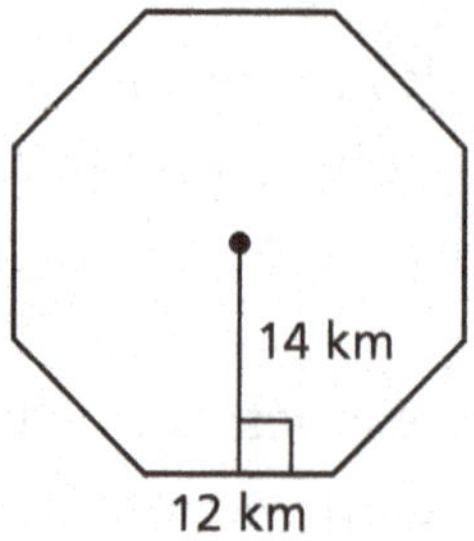

$P =$ ______________

$A =$ ______________

7. El perímetro de una señal de ALTO regular octagonal es de 120 pulgadas. La distancia hasta el centro es de 20 pulgadas, a la pulgada más cercana. ¿Cuál es el área de la señal de ALTO?

____

Muestra tu trabajo.

8. **Amplía tu razonamiento** Se realiza un experimento eliminando y reemplazando fichas de una bolsa. El resultado de 10 intentos es 3 rojas y 7 negras. Si en la bolsa hay 6 fichas, predice cuántas son negras y cuántas rojas.

Negras: ____________________ Rojas: ____________________

9-1
Haz la tarea

Nombre ______________________ Fecha ______________

Muchas situaciones del mundo real involucran números menores que cero. Por ejemplo, en la actividad del termómetro que completaste, había algunas temperaturas menores que cero.

Para cada situación del mundo real que está a continuación, escribe la situación *opuesta*.

1. 3,000 pies sobre el nivel del mar ______________________
2. $45 extracciones de la cuenta de ahorros ______________________
3. 9 cargas eléctricas positivas ______________________
4. $488 depositados en la cuenta corriente ______________________
5. 1 pie debajo del nivel del mar ______________________

Resuelve.

6. Los paneles solares en la casa de los Jordan generan electricidad. Durante el mes de agosto, la familia Jordan usó 570 kilovatios-hora de electricidad. Si su factura de electricidad del mes de agosto era de $0.00, ¿qué cantidad de electricidad generaron ese mes?

____

Cada flecha en el termómetro Fahrenheit señala una temperatura. Escribe la temperatura y luego escribe la temperatura *opuesta*.

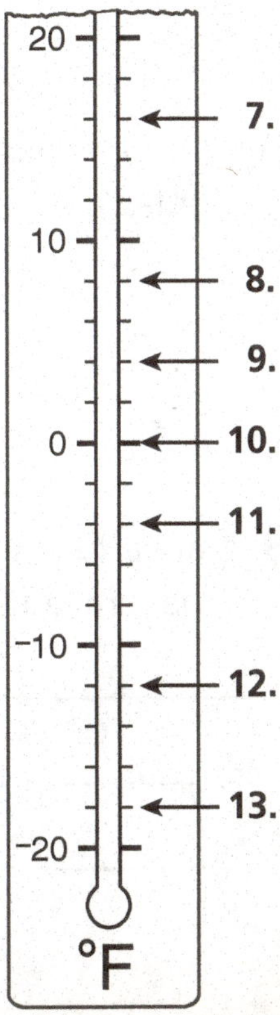

7. ______________________
8. ______________________
9. ______________________
10. ______________________
11. ______________________
12. ______________________
13. ______________________

9-1 Recuerda

Nombre ______________________ Fecha ______________

1. El objetivo de Jaquilynn es ahorrar 120 dólares. Ha ahorrado el 40% de esto. ¿Cuánto dinero ahorró?

____

Proporciona tres soluciones para cada desigualdad.

2. $8 < 6 + t$

____

3. $5 \cdot b \leq 28$

____

4. $36 > \frac{s}{4}$

____

5. $e - 22 \geq 29$

____

Resuelve.

6. Dibuja un diagrama de puntos que tenga 2 picos, 2 agrupaciones, 1 brecha, una mediana de 16 y un rango de 12.

7. Haz un diagrama de caja para representar los datos del diagrama de puntos que dibujaste en el Ejercicio 6.

8. **Amplía tu razonamiento** Por la tarde, la temperatura era de 12 °F. Por la noche, bajó 15 °F. ¿Cuál era la temperatura por la noche? Explica.

____

____

____

Nombre ______________________ Fecha ______________

Resuelve.

1. ¿Qué número entero representa el origen de una recta numérica? ____________

2. Imagina que un punto está ubicado 12 longitudes unitarias por debajo del origen de una recta numérica vertical. ¿Qué número entero representa el punto? ____________

3. En una recta numérica horizontal, un punto se encuentra ubicado en $^{+}15$. Describe la *distancia* y la *dirección* del punto.

____

____

Usa la recta numérica que está a la derecha para los Ejercicios 4 a 6.

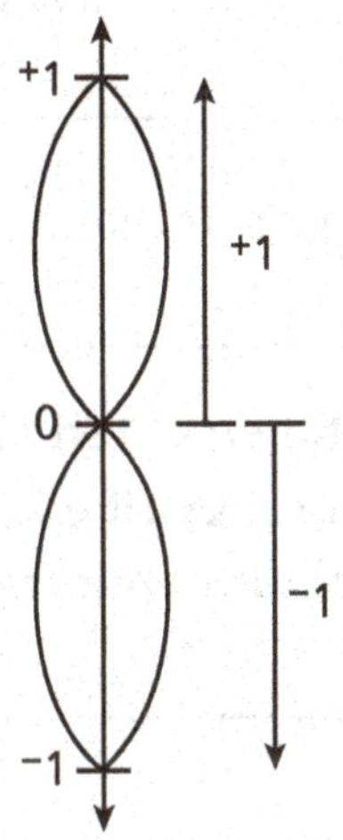

4. ¿Qué muestran las curvas en la recta numérica?

____

5. ¿De qué forma las flechas para $^{+}1$ and $^{-}1$ muestran la *distancia* y la *dirección*?

____

____

____

6. ¿Son $^{+}1$ y $^{-}1$ enteros opuestos? Explica.

____

____

____

7. En la recta numérica que está a continuación, dibuja un punto en cada marca de verificación e identifica cada punto con un número entero.

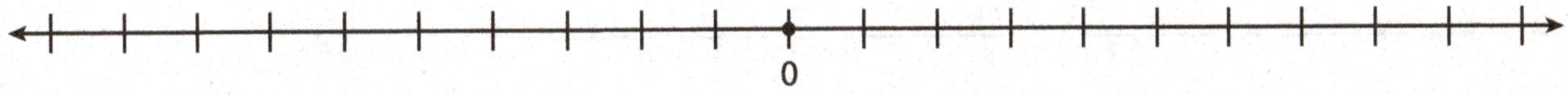

Nombre ______ Fecha ______

Resuelve.

1. La pintura púrpura Fruta de la Pasión está hecha con 7 partes de rojo y 3 partes de azul. ¿Cuántos galones de rojo necesitas para preparar 15 galones de pintura púrpura Fruta de la Pasión?

______

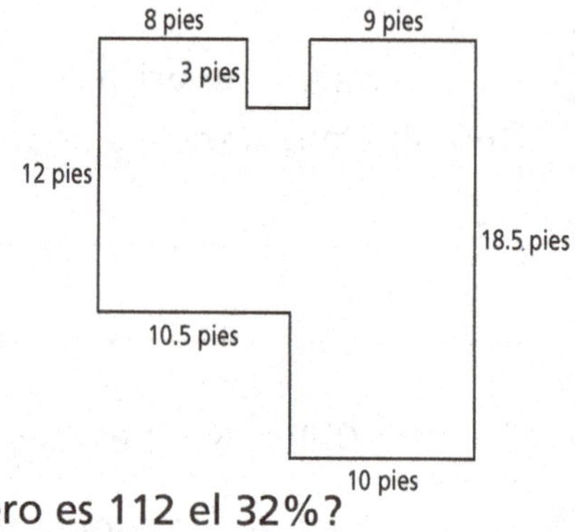

2. El Sr. Kolb está colocando pisos de madera en el área de su casa que se muestra a la derecha. También está colocando moldura en los techos alrededor del área. ¿Cuánto piso de madera necesita el Sr. Kolb? ¿Cuánta moldura para el techo?

______

3. ¿Cuánto es el 15% de 80?

______

4. ¿De qué número es 112 el 32%?

______

5. ¿Qué porcentaje de 350 es 70?

______

6. ¿De qué número es 285 el 95%?

______

Cada flecha en el termómetro Fahrenheit señala una temperatura. Escribe la temperatura y luego escribe la temperatura opuesta.

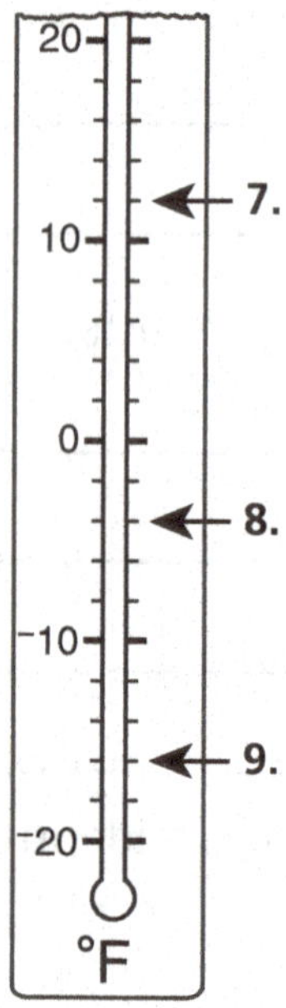

7. ______

8. ______

9. ______

10. **Amplía tu razonamiento** La temperatura es 16 °F más fría por la mañana que por la tarde. Si por la mañana es de 9 °F bajo cero, ¿cuál es la temperatura por la tarde? Explica.

______

9-3
Haz la tarea

Nombre ______________________ Fecha ______________

Compara. Escribe <, > o =.

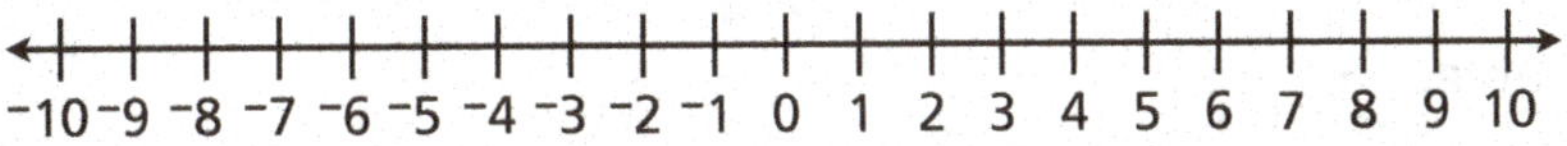

1 $^{-}3$ ◯ $^{-}5$	**2** $^{-}7$ ◯ $^{-}1$	**3** 2 ◯ 9	**4** 1 ◯ $^{-}6$
5 $^{-}2$ ◯ 0	**6** $^{-}4$ ◯ $^{-}8$	**7** $^{-}6$ ◯ $^{-}5$	**8** 0 ◯ $^{-}4$
9 $^{-}1$ ◯ 6	**10** $^{-}3$ ◯ $^{-}2$	**11** $^{-}8$ ◯ $^{-}8$	**12** $^{-}3$ ◯ $^{-}9$

Escribe los números en orden del *mayor* al *menor*.

13 $^{-}3$, 0, $^{-}4$ ______________________

14 $^{-}6$, $^{-}7$, $^{-}5$ ______________________

Escribe los números en orden del *menor* al *mayor*.

15 0, $^{-}2$, 1, $^{-}1$ ______________________

16 $^{-}3$, 0, $^{-}8$, 3 ______________________

Usa el valor absoluto para comparar los números.
Luego escribe <, > o =.

17 $^{-}6$ ◯ $^{-}1$	**18** $^{-}2$ ◯ $^{-}5$	**19** $^{-}4$ ◯ $^{-}9$	**20** $^{-}7$ ◯ $^{-}3$

Resuelve. Usa la situación que está a continuación para los Ejercicios 21 y 22.

Un martes de febrero por la noche en Brainerd, Minnesota, la temperatura baja fue de $^{-}7$°F. A la noche siguiente, la temperatura baja fue de $^{-}4$°F.

21 Explica cómo se puede usar el valor absoluto para determinar la temperatura baja *más cálida*. Luego, indica la temperatura.

____

____

____

22 Explica cómo se puede usar una recta numérica para determinar la temperatura baja *más fría*. Luego, indica la temperatura.

____

____

____

9-3
Recuerda

Nombre ____________________ Fecha ____________

Resuelve.

1. En una venta de libros usados, todos los libros cuestan lo mismo. Jeff compra 15 libros a 12 dólares. ¿Cuánto le costarán 40 libros?

   ____

2. ¿Cuántas yardas cúbicas de mantillo se utilizarán para cubrir un patio de juegos de 10 yardas por 12 yardas si el mantillo tiene 24 pulgadas de profundidad?

   ____

3. Belinda usó el 85% de los trozos de madera que tenía para construir una casa para pájaros. Si utilizó 68 trozos de madera, ¿cuántos trozos de madera tenía en total?

   ____

4. Tommy está llenando una pecera de 18-galones con un contenedor de 2-cuartos de galón. ¿Cuántas veces tendrá Tommy que llenar el contenedor para llenar totalmente la pecera?

   ____

Escribe el número entero opuesto

5. 7 ________
6. $^{-}27$ ________
7. $^{-}15$ ________
8. 5 ________
9. $^{-}12$ ________
10. 23 ________
11. $^{-}8$ ________
12. $^{-}18$ ________

13. Escribe los valores de los puntos *A*, *B* y *C*.

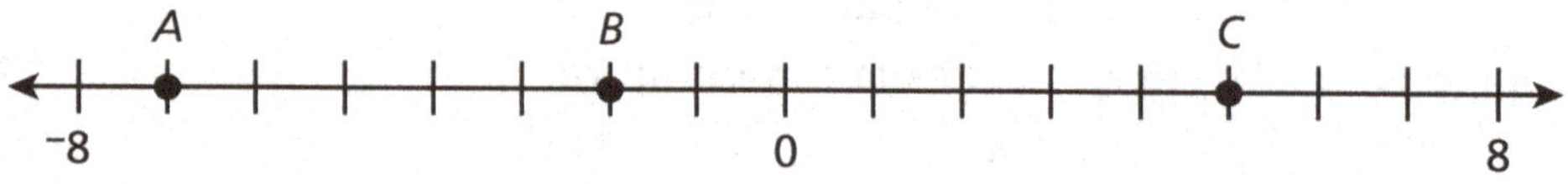

Punto *A* ________ Punto *B* ________ Punto *C* ________

14. **Amplía tu razonamiento** Jenna comienza en $^{-}5$ en la recta numérica. Avanza 8 lugares hacia la derecha. Luego, avanza 5 lugares hacia la izquierda. ¿Dónde está Jenna en la recta numérica? Explica.

____

____

____

9-4
Haz la tarea

Nombre ______________________ Fecha __________

Resuelve.

1. Un punto en el plano de coordenadas se encuentra en el eje *y*, y 8 unidades debajo del origen. ¿Qué par ordenado representa el punto? Explica tu respuesta.

____

____

____

2. Los signos de las coordenadas de un par ordenado son (+, −). ¿En qué cuadrante está ubicado el punto? Explica tu respuesta.

____

____

____

Usa el siguiente plano de coordenadas para los Ejercicios 3 a 10.

Escribe la ubicación de cada punto.

3. Punto *A* ____________

4. Punto *B* ____________

5. Punto *C* ____________

6. Punto *D* ____________

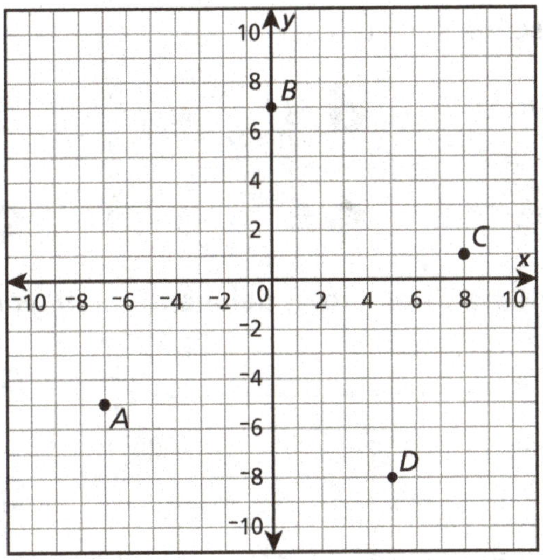

Diagrama e identifica cada punto.

7. Punto *W* en (−3, 0)

8. Punto *X* en (6, −2)

9. Punto *Y* en (−4, −10)

10. Punto *Z* en (−6, 6)

Nombre ____________________ Fecha ____________

Resuelve.

Stefan está comprando libros en la feria del libro. La entrada a la feria cuesta 3 dólares. Cada libro cuesta \$0.75. Usa esta información para los Ejercicios 1 a 2.

1. Escribe una ecuación que se pueda usar para determinar el costo total en dólares, *c*, de comprar *l* libros.

   ____

2. Usa tu ecuación para completar la tabla.

libros, *l*	costo de los libros, *c*
1	
2	
3	
4	
5	

Compara. Escribe $<$, $>$ o $=$.

3. 8 ◯ $^{-}7$
4. $^{-}5$ ◯ $^{-}4$
5. $^{-}10$ ◯ 10
6. $^{-}9$ ◯ $^{-}9$
7. 11 ◯ $^{-}1$
8. $^{-}1$ ◯ $^{-}3$
9. $^{-}5$ ◯ 4
10. $^{-}5$ ◯ $^{-}9$

Escribe los números en orden del *menor* al *mayor*.

11. 4, 9, $^{-}4$, $^{-}6$ ____________________
12. $^{-}9$, $^{-}11$, $^{-}1$, 2 ____________________
13. 0, 9, 5, $^{-}3$ ____________________
14. 2, $^{-}3$, $^{-}4$, $^{-}6$ ____________________
15. **Amplía tu razonamiento** Gina, Sam, Tony y Beth tienen números. El número de Gina se encuentra entre el de Tony y el de Beth. El número de Beth es el único que no es negativo. El número de Sam está a la izquierda del número de Tony en la recta numérica. Si los números son 5, $^{-}3$, $^{-}5$, y $^{-}6$, ¿qué número le corresponde a cada persona?

    ____

9-5
Haz la tarea

Nombre ______________________ **Fecha** ____________

Usa la recta numérica que está a la derecha para los Ejercicios 1 a 7.

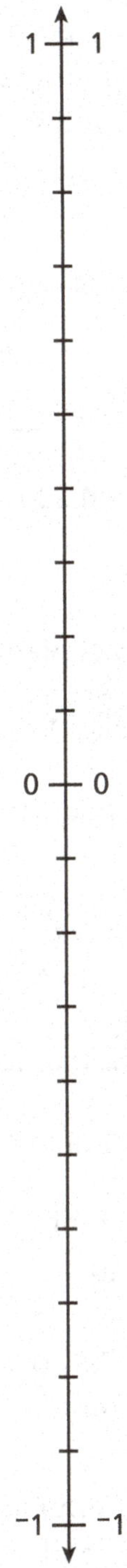

1. ¿Qué valor posicional muestra la recta numérica? Explica cómo lo sabes.

____

____

2. Identifica cada marca de verificación a la derecha de la recta numérica con un decimal.

3. Identifica cada marca de verificación a la izquierda de la recta numérica con una fracción en su mínima expresión.

4. Dibuja un punto en 0.2. Identifícalo con *W*.

5. Dibuja un punto en $-\frac{7}{10}$. Identifícalo con *Z*.

6. Dibuja un punto en $\frac{4}{5}$. Identifícalo con *Y*.

7. Dibuja un punto en -0.9. Identifícalo con *X*.

Resuelve.

8. En una recta numérica, el número racional $-\frac{9}{4}$ se encuentra ubicado a la izquierda de cero. El número racional $2\frac{1}{4}$ se encuentra ubicado a la derecha de cero. ¿Se trata de números racionales opuestos? Explica.

____

____

Escribe el número racional opuesto.

9. $-\frac{1}{3}$ ________ 10. $\frac{5}{6}$ ________ 11. $-\frac{7}{16}$ ________ 12. $\frac{3}{10}$ ________

Simplifica.

13. $-(-\frac{1}{3})$ ________ 14. $-(0.75)$ ________ 15. $-(-0.5)$ ________ 16. $-(\frac{4}{5})$ ________

9-5
Recuerda

Nombre ______________________ Fecha ______________

1. El perro del Sr. Ruete come 3 paquetes de golosinas para perro cada 4 semanas. ¿Cuántos paquetes de golosinas para perro come el perro en 10 semanas?

____

Resuelve para *s*.

2. $6s = 100$

$s =$ ______________

3. $\frac{s}{6} = 100$

$s =$ ______________

4. $44.53 \div 7.3 = s$

$s =$ ______________

5. $27 \bullet 12.34 = s$

$s =$ ______________

Usa el plano de coordenadas para los Ejercicios 6 a 13.

Escribe la ubicación de cada punto.

6. Punto *A*

______

7. Punto *B*

______

8. Punto *C*

______

9. Punto *D*

______

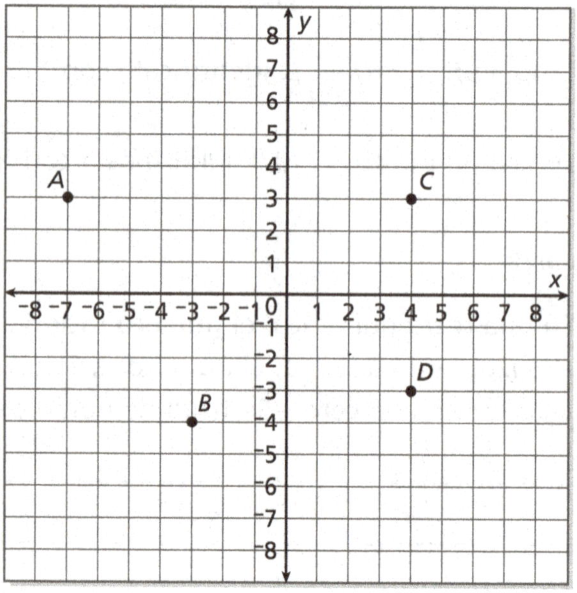

Diagrama e identifica cada punto.

10. Punto *E* en $(0, ^-6)$

11. Punto *F* en $(3, ^-7)$

12. Punto *G* en $(6, ^-3)$

13. Punto *H* en $(^-3, 4)$

14. **Amplía tu razonamiento** Courtney diagramó un punto (x, y) donde el valor absoluto de x es 2 veces el valor absoluto de y, y el valor de x es 18 menos que el valor de y. ¿Qué punto diagramó Courtney? Explica.

____

____

9-6
Haz la tarea

Nombre ____________________ Fecha ____________

Resuelve.

1. Imagina que se diagraman dos números racionales en una recta numérica *vertical*. ¿El número que está debajo del otro número es el número mayor o el número menor?

____

2. Imagina que dos números racionales están diagramados en una recta numérica *horizontal*. ¿El número que está más hacia la derecha es el mayor o el menor?

____

Usa la recta numérica que está a continuación para los Ejercicios 3 a 17.

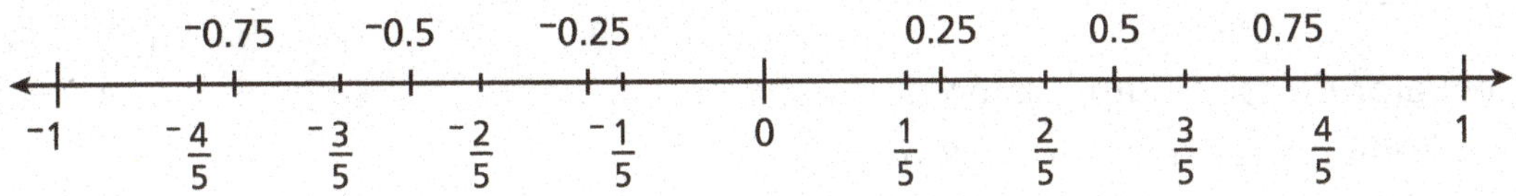

Compara. Escribe <, > o =.

3. $\frac{1}{5} \bigcirc {}^{-}\frac{2}{5}$

4. $^{-}0.75 \bigcirc {}^{-}0.5$

5. $0.25 \bigcirc {}^{-}1$

6. $^{-}\frac{4}{5} \bigcirc {}^{-}\frac{3}{5}$

7. $^{-}\frac{1}{5} \bigcirc {}^{-}0.5$

8. $^{-}0.25 \bigcirc 0$

9. $|{}^{-}0.5| \bigcirc |{}^{-}\frac{4}{5}|$

10. $^{-}1 \bigcirc {}^{-}\frac{5}{5}$

11. $1 \bigcirc {}^{-}({}^{-}0.75)$

12. $|{}^{-}\frac{3}{5}| \bigcirc |\frac{3}{5}|$

13. $0 \bigcirc \frac{2}{5}$

14. $^{-}\frac{2}{5} \bigcirc {}^{-}({}^{-}\frac{4}{5})$

Escribe los números en orden del *mayor* al *menor*.

15. $^{-}\frac{1}{5}, \frac{4}{5}, {}^{-}\frac{3}{5}$

____

16. $0, {}^{-}0.75, {}^{-}1, {}^{-}0.5$

____

17. $^{-}0.25, \frac{2}{5}, 1, {}^{-}\frac{4}{5}$

____

Resuelve.

18. El lunes por la mañana, una acción comenzó la cotización diaria a 14.11 dólares cada una. A mitad de semana, la acción cotizaba a 14.28 dólares cada una. Al cierre de la actividad el viernes, el precio de la acción era de 13.97 dólares.

Escribe los precios de la acción en orden de menor a mayor.

____

9-6
Recuerda

Nombre ______________________ **Fecha** __________

1. Por cada 8 preguntas de opción múltiple de la prueba de matemáticas de Minnie, hay 5 preguntas de respuesta corta. ¿Cuántas preguntas de opción múltiple y de respuesta corta hay en un examen con 65 preguntas?

____

Calcula la medida faltante.

2. rectángulo

   $w = 4.5\ m$

   $A = 94.5\ m^2$

   $l =$ __________

3. cubo

   $SA = 294$ yarda^2

   $s =$ __________

4. octágono

   $P = 121.6$ cm

   $s =$ __________

5. Escribe el valor de cada punto como decimal y como fracción en su mínima expresión.

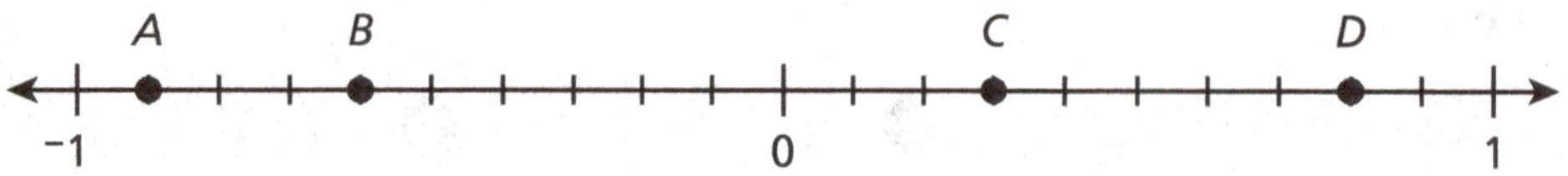

Punto *A* ______________ Punto *B* ______________

Punto *C* ______________ Punto *D* ______________

Escribe el número racional opuesto.

6. $\frac{-5}{6}$ __________

7. $1\frac{3}{5}$ __________

8. $^{-}3\frac{1}{4}$ __________

9. $\frac{7}{10}$ __________

10. **Amplía tu razonamiento** Keyshawn diagramó un punto a la mitad entre $\frac{-1}{2}$ y $\frac{-2}{5}$ en la recta numérica. ¿Qué número representa el punto de Keyshawn? Escribe el número como fracción en su mínima expresión y como decimal. Explica.

____

____

____

Nombre ____________________ Fecha ____________

En la cuadrícula de coordenadas, los Puntos *A, B,* y *C* representan barcos en el mar. Usa la cuadrícula para los Ejercicios 1 a 4.

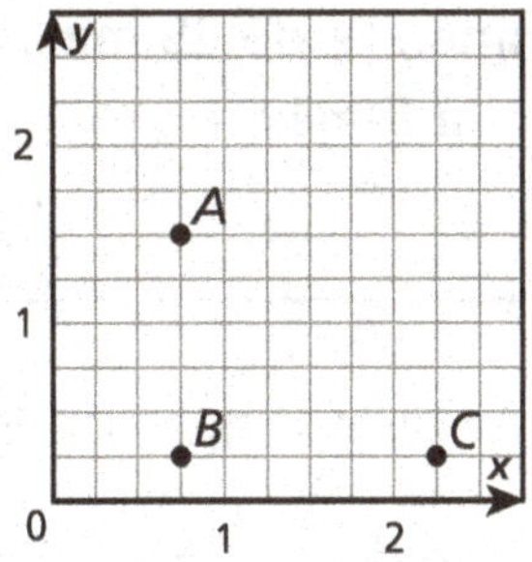

1. Escribe la ubicación de cada punto.

   Punto *A* ____________________

   Punto *B* ____________________

   Punto *C* ____________________

2. Explica cómo se puede usar la resta para calcular la cantidad de longitudes unitarias a las que está el barco del Punto *A* del barco en el Punto *B*. Luego, escribe la distancia.

   ____

   ____

3. Explica cómo se puede usar la resta para calcular la cantidad de longitudes unitarias a las que está el barco del Punto *C* del barco en el Punto *B*. Luego, escribe la distancia.

   ____

   ____

4. El barco del Punto *B* está a 300 millas náuticas al sur del barco del Punto *A*, y a 360 millas náuticas al oeste del barco del Punto *C*. ¿Qué cantidad de millas náuticas representa cada longitud unitaria de la cuadrícula?

   ____

Resuelve.

5. Imagina que un punto en $(5\frac{1}{2}, 6\frac{1}{2})$ está reflejado en el eje *y*. Explica cómo calcular la ubicación del punto reflejado y luego escribe su ubicación.

   ____

   ____

6. Imagina que un punto en (−7.75, 7.25) está reflejado en el eje *x*. Explica cómo calcular la ubicación del punto reflejado y luego escribe su ubicación.

   ____

   ____

9-7
Recuerda

Nombre ______________________ **Fecha** ______________

1 La familia Lehman tardó 25 minutos en romper 60 huevos. ¿Cuánto tardó la familia en romper cada huevo?

____

Usa el diagrama de puntos para los Ejercicios 2 a 5.

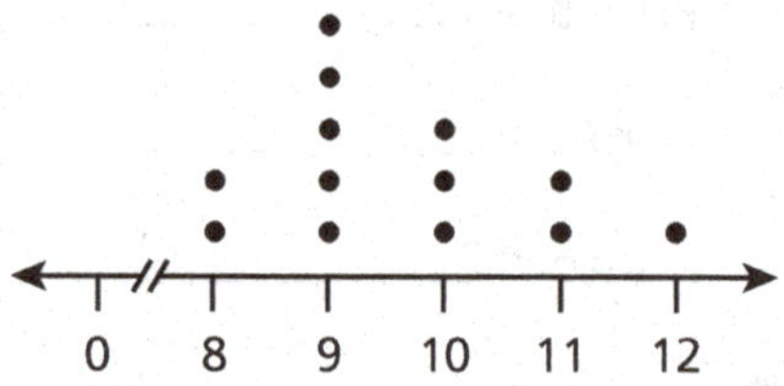

2 ¿Cuál es la media de los datos? Redondea la respuesta al décimo más cercano.

____

3 ¿Cuál es la mediana de los datos?

____

4 Calcula el primer y tercer cuartil.

Primer cuartil: __________ Tercer cuartil: __________

5 Haz un diagrama de caja para representar los datos del diagrama de puntos.

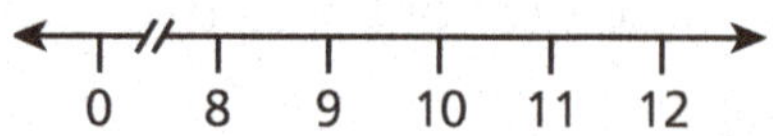

Compara. Escribe $<$, $>$ o $=$.

6 $\frac{2}{5} \bigcirc {}^-0.4$

7 $\frac{^-3}{5} \bigcirc \frac{^-4}{5}$

8 $\frac{3}{10} \bigcirc 0.5$

9 $\frac{^-5}{5} \bigcirc {}^-1$

10 ${}^-0.25 \bigcirc \frac{^-1}{5}$

11 $0.75 \bigcirc \frac{^-4}{5}$

12 $\frac{3}{4} \bigcirc 0.5$

13 $\frac{^-1}{4} \bigcirc {}^-0.25$

14 **Amplía tu razonamiento** Judy registró la temperatura a la misma hora los días lunes, martes y miércoles. Las temperaturas que registró fueron ${}^-2\frac{1}{2}$°F, ${}^-2.3$°F, y ${}^-2\frac{2}{5}$°F. La temperatura del miércoles fue más fría que la del martes, pero más cálida que la del lunes. ¿Cuál fue la temperatura cada día?

____

9-8
Haz la tarea

Nombre ____________________ Fecha ____________

Planifica un viaje con una parada en cada una de las cinco ciudades que se muestran en el mapa (o elige e identifica cinco ciudades que desees).

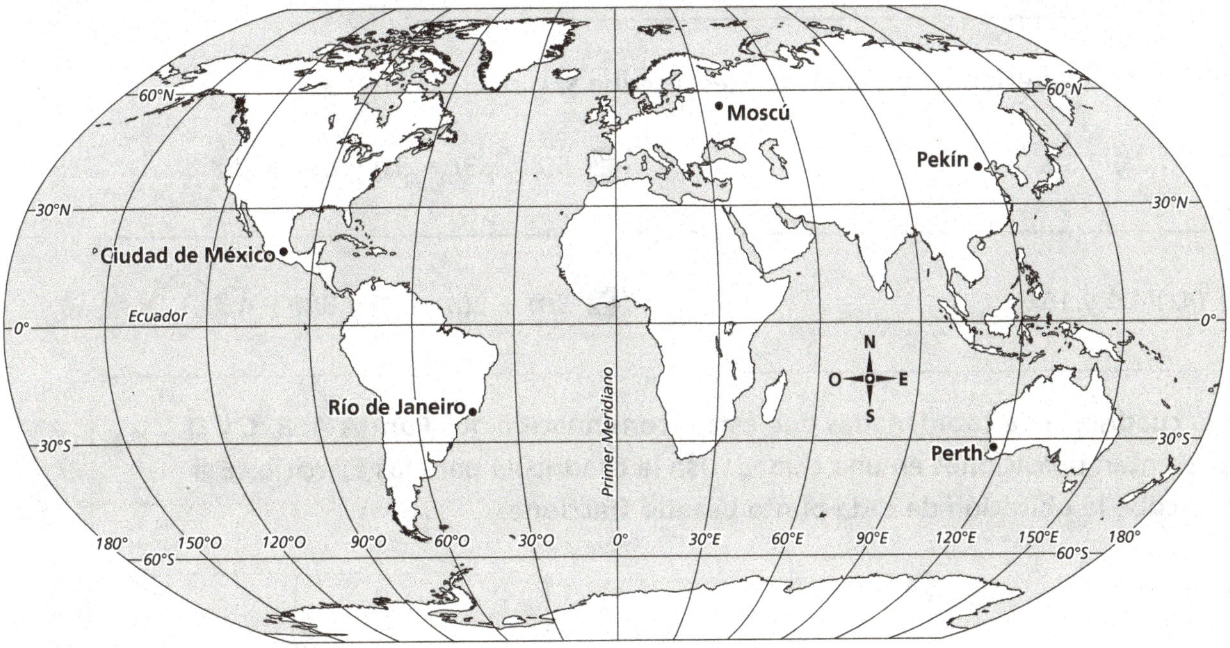

Usando coordenadas + y −, escribe un par ordenado que represente la ubicación aproximada de cada ciudad.

1. Ciudad de México ____________________
2. Moscú ____________________
3. Perth ____________________
4. Río de Janeiro ____________________
5. Pekín ____________________
6. Planifica tu ruta. ¿Qué ciudad visitarías en primer lugar? ¿Y en segundo lugar? Y así sucesivamente.

____

____

7. Usa un mapa del mundo o un globo terráqueo (o usa la Internet con la ayuda de tu padre, madre o maestro). Determina o estima la distancia entre las ciudades de tu ruta. Después, estima la distancia total de tu viaje. ¿La distancia total es mayor que la distancia alrededor de la Tierra (alrededor de 25,000 millas)?

____

____

9-8 Recuerda

Nombre ______________________ Fecha ______________

1 El costo de 8 yardas de material es de 15.50 dólares. ¿Cuánto cuesta comprar 20 yardas del mismo material?

____

Indica si las expresiones son equivalentes. Escribe *sí* o *no*.

2 $(5t)(3s)$ y $8ts$

____

3 $5(8s + 3r - 3s)$ y $25s + 15r$

____

4 $(4x)(4x)$ y $16x^2$

____

5 $3m + 3(m + 4)$ y $6m + 4$

____

En la cuadrícula de coordenadas que está a continuación, los Puntos *A, B, C* y *D* representan ubicaciones en una ciudad. Usa la cuadrícula para los Ejercicios 6 a 11. Escribe la ubicación de cada punto usando fracciones.

6 Punto *A*

____

7 Punto *B*

____

8 Punto *C*

____

9 Punto *D*

____

10 ¿A qué distancia está el Punto *B* del Punto *D*?

____

11 ¿A qué distancia está el Punto *C* del Punto *D*?

____

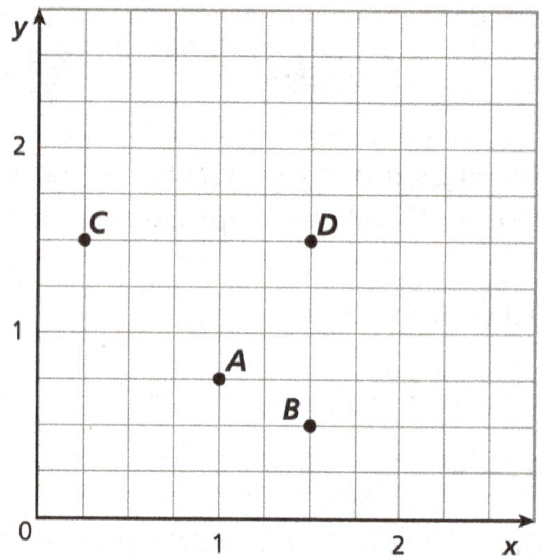

12 **Amplía tu razonamiento** Imagina que $(^{-}2\frac{1}{2}, 1\frac{2}{5})$ fue primero reflejado en el eje *y*, y luego en el eje *x*. ¿Cuál será la nueva ubicación y el nuevo cuadrante del punto? Explica.

____

____

____

____

____